実践のための教学入門 上

大白博士の個人教室

「大白蓮華」編集部編

まえがき

釈尊の出家は、「生老病死《しょうろうびょうし》」の苦悩をどう乗り越えていくかが目的でした。現実の悩める人間をどう救うか。仏法の視点は、常に現実における「実践《じっせん》」「行動」にあるのです。その仏法の「実践」「行動」をより強固なものとするために、日蓮大聖人は、仏法の教理を学ぶ「教学」の重要性を門下に教えられました。

「行学《ぎょうがく》の二道をはげみ候《そうろう》べし、行学たへなば仏法はあるべからず」（『日蓮大聖人御書全集』〈創価学会版〉1361ページ　以下、ページ表記は同御書全集より）と述べられているように、「実践」と「教学」という二つの両輪があいまってこそ、仏法は〝生きた宗教〟となって進むことができます。そうした意味からも、実践なき教学は、結局、観念に陥《おちい》り、〝死んだ宗教〟になってしまいます。

実践に即した教学を学ぶ手助けとして、「大白蓮華」では、「実践のための教学入門」をタイトルに掲げて、新たな連載を始めました。これまでの入門用の教学解説記事とは、少しアプローチを変えて、仏法用語や教学の概念を、単に解説するだけではなく、なるべく現実の活動や日常生活で起きている問題に沿《そ》って学んでいくことを目的としたのです。

多くの読者に親近感がわくように、対話形式の解説にしました。連載での登場人物である「大白博士」とは、何か専門的な権威としての〝博士〟という意味ではありません。現実のなかで友と共に同苦しながら信仰を学ぶ〝幸福博士〟という意味あいを込めています。もう一人の「蓮華君」は、現場で格闘しながら日々成長する一青年部員を代表しています。

池田名誉会長の指導・スピーチの内容は多岐《たき》にわたっていますが、そこでは常に、日蓮仏法の真髄《しんずい》である御書が自在に引かれ、さまざまな会員の悩みに光が当てられ、人間の内面の問題にも鋭く目を向けられています。そうした名誉会長の言々句々から全国の会員がどれほど勇気を贈られ、苦悩を乗り越えていったか計り知れません。この連載も、現実に即して展開される名誉会長の指導に基づいたものです。

幸いにも、多くの読者の方々から反響をいただきました。「教学をよりいっそう身近に感じることができました」「実践のなかで御書の精神を心から確信することができました」などの温《あたた》かい励ましのなか、二〇〇一年五月から二〇〇六年十二月まで六年にわたり連載を続けることができました。

今回、そうした読者の要望に応え、本書を出版することになりました。本書が、仏法研鑽《けんさん》の助けとなり、実践で活用されることを念願してやみません。

二〇〇七年二月

「大白蓮華」編集部

実践のための教学入門……上

大白博士の個人教室

目次

表紙カバー・本文イラスト／佐藤　格
装幀／TOPPAN TANC

信心即生活

職場も家庭も地域も
人間革命の場ととらえよ！

真の宗教は現実生活を離れては存在しない

蓮華君　友人と仏法対話している時にこう言われました。「確《たし》かに宗教は人間にとって必要なものかもしれない。しかしそれは、あくまでも心の平穏《へいおん》や癒《いや》しを求《もと》めるための気休《きやす》めであって、君が言っている『現実の生活を変える力がある』というのは理解できない」と。

宗教が必要であることが分かっていても、やはり、こうした考えにとどまっている人が多いようですね。

大白博士　世に多くの宗教があるが、現実の人生を変えていく力がないから、「慰《なぐさ》めだ、癒しだ」とごまかしているんだろうね。

本当に力ある真の宗教は、どこまでも現実の生活を離《はな》れては存在《そんざい》しない。まず、初めに「信心即生活」を取り上げてみよう。

蓮華君　「信心即生活」というのは、誰《だれ》が説《と》いたものなのですか。

博士　言葉として仏教の経典《きょうてん》にあるわけではないが、釈尊《しゃくそん》の教えのなかでは、日常生活のなかに悟《さと》りの道があると説いている。例えば、悟りに至る八つの正しい道、つまり「八正道《はっしょうどう》」のなかにある「正命《しょうみょう》」とは、生活や仕事を正しくすること、といった意味があるんだよ。悟りに至るには正しい仕事を考えなくてはいけない、と。

蓮華君　へえー。一般的には、仏教というと、「解脱《げだつ》」や「涅槃《ねはん》」といった言葉に代表されるように、現実の苦しみの世界から抜け出すことだけを目指す教えという印象が強いのですが、釈尊の時代にすでに「信心即生活」に通じる考え方を説いていたのですね。

まさに、「教主釈尊《きょうしゅしゃくそん》の出世《しゅっせ》の本懐《ほんかい》(この世に出現《しゅつげん》した目的《もくてき》)は、人間の振《ふ》る舞《ま》いを教えることにあった」(1174ジペー、通解)のですね。

博士　ところが、人間は、現実の苦悩を克服《こくふく》するよりも、観念的《かんねんてき》な世界に逃《に》げ込《こ》んだり、苦悩《くのう》に目をつぶってしまう傾向性をもっている。
仏教でも、自身《じしん》の悟《さと》りばかりを追《お》い求《もと》め、生活に欠《か》くことのできない欲望《よくぼう》までも否定《ひてい》する教えが出てくるようになってしまった。

蓮華君　現実生活を無視した教えでは、結局《けっきょく》、民衆《みんしゅう》から遊離《ゆうり》してしまいますね。

博士　そうした在り方に対して、大乗教《だいじょうきょう》では、人々の苦悩《くのう》を救うという現実変《へん》革《かく》を追求《ついきゅう》するようになった。特に法華経では、十界互具《じっかいごぐ》を説《と》き、自身の生命に仏界という最高の境涯《きょうがい》が具《そな》わっていることを明《あ》かした。仏界という最高の境涯を顕《あらわ》すことで、日常生活を現実に変革していく原理が示されたんだ。

日蓮大聖人は、この法華経の考え方をもとに、生活こそが、信心を発揮《はっき》する場であるとして「生活即信心」の考え方を示されたんだよ。

生活そのものが人間革命の場

蓮華君　例えば、御書ではどのように記《しる》されていますか。

博士　主君に仕《つか》えているある門下を、大聖人はこう励まされている。

「宮仕《みやづか》え（主君《しゅくん》への奉公《ほうこう》）を法華経の修行と思っていきなさい。法華経を解釈《かいしゃく》した天台大師《てんだいだいし》が『一切世《いっさいせ》間《けん》の日常生活すべてのことは妙法と違背《いはい》することはない』と言われているではありませんか」（ポイント①）と。

蓮華君　普通の仏教の指導者ならば、仕事よりも仏門《ぶつもん》に入ることが大事と言うかもしれませんが、「仕事も法華経の修行ととらえていきなさい」と教えられているんですね。

博士　仕事だけではない。家事《かじ》や学校の勉強、地域や家族との触《ふ》れあい、生活そのものが人間革命の場ととらえなければならないんだよ。

蓮華君　といって、「仕事をしていれば勤行《ごんぎょう》をしたことになるから、勤行しなくてもいい」などという都合《つごう》のいい話ではないんですよね（笑い）。

博士　当たり前じゃないか！

日々、信行学《しんぎょうがく》の実践《じっせん》に精進《しょうじん》しながら、努力《どりょく》と工夫《くふう》をもって真剣に生活に取り組んでいる人は、生活のなかで信心の実証《じっしょう》を示し、周囲《しゅうい》の人々に仏法への理解を広げていくことができる。

だから、勤行や学会活動をする時だけが信心の実践《じっせん》ではなく、仕事や生活の時でも広布を進めることができ、信心を実践していることになるんだよ。

蓮華君　反対に、仕事や生活にだらしのない人は、たとえ形の上では信心しているようであっても、根本の信心に狂《くる》いがあるといわざるをえませんね。

博士　御書には「天が晴《は》れるならば地はおのずから明らかとなるように、法華を識《し》る者は世法《せほう》に通達《つうたつ》することができる」（ポイント②）と説かれている。しかし、信心をしていれば、自然に「世法に通じる」わけではない。信心をしているからこそ、生活で勝利していかなければならないんだよ。

実は、牧口常三郎初代会長が大聖人の仏法に帰依《きえ》した大きな理由の一つが、この御文《ごもん》に触《ふ》れたことだったという。牧口会長は〝日蓮大聖人の仰《おお》せが、私の生活中になるほどと、うなずかれることとなり、言語《げんご》に絶《ぜっ》する歓喜《かんき》をもって、ほとんど、60年の生活法を一新《いっしん》するに至《いた》った〃と述《の》べられている。

蓮華君 「言語に絶する歓喜」ですか。すごい境涯《きょうがい》で拝《はい》されたのですね。

博士 「信心即生活」の仏法を実践《じっせん》する喜びは、それほど大きいということだよ。

大聖人がこれほど門下に「信心即生活」の原理を教えられても、腐敗《ふはい》、堕落《だらく》した宗門（日蓮正宗）はこの精神を忘《わす》れてしまった。牧口会長が罰論《ばちろん》を説くと、「信《しん》仰《こう》に罰があるとはおかしい」とか言って批判した。

ただ御本尊を家に祭《まつ》って、生活から遊離《ゆうり》した寺《てら》信心をしている檀徒《だんと》からの反発《はんぱつ》を恐《おそ》れたんだろうね。

結局、「信心即生活」といっても、各人の小さな世界にとどまっていては、本当の意味で信心を生活に反映《はんえい》させていくことはできない。

創価学会は、初代会長以来、日蓮大聖人の教えを正しく受《う》け止《と》め、生活に根ざした信心を貫《つらぬ》いてきた。そこに学会の素晴《すば》らしさがある。

三代会長の実践のなかで、「信心即生活」という言葉は明確に用いられるようになり、社会に地域に世界に、「信心即生活」の教えが開かれていった。

蓮華君　なるほど。学会の中にいると「信心即生活」ということは当たり前のようですが、仏教本来《ほんらい》の精神がここにあるということが分かりました。

ポイント御書（日蓮大聖人御書全集）

①「御みやづかい《仕官》を法華経とをぼしめせ、『一切世間《いっさいせけん》の治生《ちせい》産業《さんぎょう》は皆《みな》実相《じっそう》と相違《あいい》背《はい》せず』とは此《こ》れなり」（1295㌻）

②「天晴《てんは》れぬれば地明《ちあき》らかなり法華《ほっけ》を識《し》る者は世法《せほう》を得可《うべ》きか」（254㌻）

仏法は勝負

勝負を決する以外に
この災難を止めることはできない

仏法とは魔との闘争

大白博士　あれ、蓮華君、浮《う》かない顔をしているね。何かあったの。

蓮華君　実は、職場の上司《じょうし》から嫌《いや》みを言われたのです。「君は信仰しているけど、営業成績《えいぎょうせいせき》がトップなのは学会員じゃない人だよ。君《きみ》も頑張《がんば》っているけど、彼に勝つようになりたまえ」って。

上司は、はっぱをかけたつもりでしょうが、悔《くや》しいですね。こうなったら、何としてもライバルに勝たないと。「仏法は勝負」と言いますからね。

博士　蓮華君の仕事への意気込《いきご》みは買《か》うけど、「仏法は勝負」の何が勝負なのかが分かっていないと、自分を見失ってしまうことになるよ。

「世雄御書《せおうごしょ》（四条金吾殿御返事《しじょうきんごどのごへんじ》）」には「仏法は道理《どうり》をもととする。道理というものは、主君《しゅくん》にも必《かなら》ず勝っていけるものである」（ポイント①）とある。

日蓮大聖人が〝勝て〟と教えられているのは、あくまでも〝信心を根本にした道理ある生き方、行動で勝利せよ〟ということだ。

そうすれば、非道《ひどう》な主君の権力《けんりょく》にも打《う》ち勝つことができると教えられているんだよ。

蓮華君でいえば、上司の偏見《へんけん》にも勝っていけるということだ。

しかし、世法上《せほうじょう》の策《さく》や方法ばかりに目を奪《うば》われて、信心を忘《わす》れてしまっては何にもならない。一時は世法で勝ったように見えても、信心で負けてしまえば、結局《けっきょく》は人生の敗北者《はいぼくしゃ》になってしまう。

蓮華君　私が上司の言葉に紛動《ふんどう》されている時点で、〝信心の負け〟だったのかもしれませんね（笑い）。反省《はんせい》します。

そうすると、御書で「仏法というのは勝負を第一としている」（ポイント②）というのは、どういう意味で言われているのでしょうか。

博士　もともと、仏法では、成仏するためには、成仏を妨《さまた》げる魔を打ち破らなければならないと説いている。魔を打ち破れなければ、悪道《あくどう》に迷《まよ》う人生を送ることになってしまう。仏法とは、究極的《きゅうきょくてき》には、魔との闘争《とうそう》に尽《つ》きることを教えているんだよ。

蓮華君　悟《さと》りを開《ひら》いた釈尊《しゃくそん》ですら、〝仏法を説くべきか、説かざるべきか〟に悩《なや》み、己心《こしん》の魔との壮絶《そうぜつ》な闘争があったと言われていますね。

天台大師《てんだいだいし》も、『摩訶止観《まかしかん》』で「仏道修行《ぶつどうしゅぎょう》が進めば、三障四魔《さんしょうしま》が入り乱《みだ》れ競《きそ》い起《お》こる」と説いていますね。

仏法において、魔との闘争は避《さ》けることのできないものなのですね。

博士　ところが、多くの仏教では意外にも、〝凡夫《ぼんぷ》が今世《こんぜ》で成仏するなどとてもできない〟と考えたり、その逆に〝人間にはすでに仏性《ぶっしょう》があるのだから、成仏するかしないかを気にする必要はない〟と考え、今世において成仏への仏道修行を実践することを軽視《けいし》するようになっていった。

蓮華君　仏道修行をしても、結果《けっか》が問《と》われないと、気休《きやす》めのようになってしまいますよね。また、亡《な》くなった人は、〝みんな成仏しました〟と言われると、何もしなくても成仏するものなのかと思ってしまいますよね。

博士　大聖人は、そうした流れのなかで、「仏法は勝負を第一とする」と敢然《かんぜん》と宣言《せんげん》されたのだ。

魔に負けて敗北の人生を歩んでいくのか、魔に打ち勝って人生を勝利していくことができるのか、この二つしかない。そこには中途半端《ちゅうとはんぱ》はないということだ。

蓮華君　人間は、苦境《くきょう》に追《お》い詰《つ》められると、〝ここまで頑張《がんば》ったから、しょうがない〟と、つい逃《に》げ道を求めてしまうものです。しかし、大聖人は、誰《だれ》もが人生を勝利できるようにと、障魔《しょうま》に妥協《だきょう》することなく、最後まで信心を貫《つらぬ》き通《とお》すように「勝負」という言葉を用いられたのですね。

仏とは現実社会における勇者

博士　また、「仏法は勝負」という言葉には、〝現実社会での勝利者たれ〟という意味があると思われる。

大聖人以前の仏法は、煩悩《ぼんのう》の克服《こくふく》といった内面《ないめん》の精神的な闘争に重《おも》きを置《お》いていた。それに対して、大聖人はこう言われている。「この現実世界は、仏と魔が互《たが》いにどちらが支配《しはい》するか争《あらそ》っているのだ」（ポイント③）と。つまり、人間の内面世界だけではなく、この現実世界そのものが、魔との勝負の舞台《ぶたい》であると教えられているんだ。

成仏を目指《めざ》していく仏法の勝負に生きていくならば、人生のあらゆる局面《きょくめん》は、勝負の連続となる。だから、人生におけるさまざまなことは、それが世間的《せけんてき》なことであっても、すべて仏道修行の勝負ととらえることができるんだ。

蓮華君　そうなると、僕の場合でいえば、信心を根本に、仕事に誠実に取《と》り組み、職場の第一人者《だいいちにんしゃ》となることは、仏道修行につながっていることになるのですね。

博士　そうだよ。ただ、あくまでも、仏法の勝負とは、一生成仏《いっしょうじょうぶつ》という次元《じげん》から見ていかなければならないということだ。

第二代会長戸田城聖先生は、「仏法は勝負、国法《こくほう》は正邪《せいじゃ》、世法《せほう》は評判《ひょうばん》である。この三つがわからぬと、戸田の哲学がわからない」と断言《だんげん》されている。

「法律上から正しいか誤《あやま》っているか」「世間の評判がいいのか悪いのか」といったことは、時代や状況《じょうきょう》によって変わっていってしまうものだ。所詮《しょせん》、相対的《そうたいてき》な勝負に過《す》ぎない。このようなことを人生の根本基準《きじゅん》としていくことはできない。

蓮華君　サッカーに譬《たと》えれば、その時、その時の勝利というパスをつないでも、一生成仏というゴールが決まらなければ負けですからね。かといって、パスなんてどうだっていいということも間違《まちが》っていますね。一つ一つの勝利の積み重ねがあって、ゴールは生まれるものですから。

博士　大聖人は「仏とは『世雄《せおう》』と号する」（ポイント②）と仰《おお》せだ。「世雄」とは、現実社会における勇者のことだ。

仏の生命を涌現《ゆげん》させていけば、人格的《じんかくてき》な力を発揮《はっき》することができ、物事《ものごと》を正しく判断し、行動できるようになるということだ。

蓮華君　結局《けっきょく》、仏法の「勝負」に勝つということは、世法や国法で勝つことにも通じていくのですね。

法の正邪を明らかにする

博士　さらに、「仏法は勝負を第一とする」には、法の正邪《せいじゃ》を明確にしていくという意義があると拝することができる。

蓮華君　「道理証文《どうりしょうもん》よりも現証《げんしょう》にはすぎず」（１４６８ジペー）と言われていますが、

道理や理屈《りくつ》だけでは、水掛《みずか》け論《ろん》になりがちです。しかし、「私は信心して、このように幸《しあわ》せになりました」という現証にはかないませんからね。

博士　牧口先生は、「仏法と申《もう》すは勝負をさきとす」の御文《ごもん》を「これこそ宗教の生命」であると言われた。

戦前《せんぜん》、なかなか折伏《しゃくぶく》が進まない時があった。その時、牧口先生は、「伝家《でんか》の宝刀《ほうとう》を出そう」と言われ、「供養《くよう》すること有《あ》らん者は福十号《ふくじゅうごう》に過《す》ぎん、若《も》し悩乱《のうらん》せん者は頭七分《こうべしちぶん》に破《わ》れん」の言葉を中心に罰論《ばちろん》を用《もち》いて折伏された。すると、それまでの何倍もの勢《いきお》いで拡大《かくだい》が進んだという。

蓮華君　戸田先生は、戦後《せんご》の混乱期《こんらんき》に、さまざまな苦悩にあえぐ人々に対して功《く》徳論《どくろん》を強《つよ》く訴《うった》えられ、未曽有《みぞう》の折伏を成《な》し遂《と》げられました。

博士　現代は、第三代会長・池田大作先生自《みずか》らが世界中から多くの名誉学位《めいよがくい》や名《めい》誉《よ》市《し》民《みん》の称号《しょうごう》を受《う》けられ、平和、文化、教育のネットワークを世界に広げられている。まさに、「仏法は勝負」の実証を世界に示されたのだ。

「仏法の勝負」が「法」の正邪を明らかにすることにあるならば、「法」を弘める「人」の正義を証明することも「仏法の勝負」ととらえることができる。

牧口先生、戸田先生の偉業《いぎょう》を池田先生が世界に宣揚《せんよう》されたように、弟子である私たち一人ひとりが、地域や職場や社会で勝利する、その一つ一つが、師匠の正義を明らかにすることになっていくんだよ。

蓮華君　まさに、「仏法は勝負」とは、広宣流布推進《すいしん》の原理《げんり》なのですね。

博士　「結局は、勝負を決する以外には、この災難《さいなん》を止《と》めることは難《むずか》しい」（ポイント④）と大聖人は仰せだ。満天下《まんてんか》に仏法の真実を証明する使命感《しめいかん》を胸《むね》に、正義を宣揚していこう。

ポイント御書

①「仏法と申《もう》すは道理《どうり》なり道理と申すは主《しゅ》に勝《か》つ物なり」（1169㌻）

②「夫《そ》れ仏法と申すは勝負をさきとし、王法と申すは賞罰《しょうばつ》を本とせり、故《ゆえ》に仏をば世《せ》雄《おう》と号し王をば自在《じざい》となづけたり」（1165㌻）

③「第六天の魔王・十軍《じゅうぐん》のいくさを・をこして・法華経の行者と生死海《しょうじかい》の海中にして同居穢土《どうこえど》を・とられじ・うばはんと・あらそう」（1224㌻）

④「結句《けっく》は勝負を決《けっ》せざらん外《ほか》は此《こ》の災難《さいなん》止《や》み難《がた》かるべし」（998㌻）

功徳と罰

人間革命以上の功徳はない！

幸福とは価値を創造すること

蓮華君　友人と仏法対話をしているのですが、こう反論《はんろん》されたのです。「宗教というのは心の問題に過《す》ぎない。だから、信仰《しんこう》によって功徳《くどく》をもらったとか、信仰を批判《ひはん》したから罰《ばち》を受《う》けたというのはおかしい。現世《げんせ》利益《りやく》を説《と》く宗教はうさん臭《くさ》い」と。

大白博士　私から言わせれば、現実生活の利害《りがい》や損得《そんとく》を軽視《けいし》して、心の救《すく》いなどという観念的《かんねんてき》な話に逃《に》げているような宗教こそ、うさん臭いよ。そんなのは、自分たちの教えには現実に人々を救う力がないと言っているようなものだ。

蓮華君　でも、功徳や罰と聞くと、一般的《いっぱんてき》には、自分とかけ離《はな》れた神や仏が罰《ばち》や利益を与《あた》えるという印象《いんしょう》があるようです。

博士　そうした考え方を正すためにも、今回しっかりと学んでいこう。

まず、簡単に言うと、功徳とは現実生活におけるプラス面で、罰はその反対のマイナス面といっていいだろう。

現実生活におけるプラス面といってもさまざまな側面《そくめん》がある。「心地《ここち》よいこと」「利益《りえき》になること」「人々のためになること」などが考えられる。

牧口先生は、幸福とは、「美《び》(好《この》み)・利《り》(利益)・善《ぜん》(正義《せいぎ》)」の価値《かち》を創造することにあると考えられているが、功徳を現代的な言葉で表現すると「価値」ということができるだろう。その逆の「醜《しゅう》・損《そん》・悪《あく》」という反価値は罰ということになる。

蓮華君　すると、「価値を創造する」という「創価学会」の名称《めいしょう》の由来《ゆらい》も、信仰の功徳を現代にどうとらえていくかということに通じていくわけですね。

〝功徳を追求《ついきゅう》する〟というのは、本当は〝価値的に人生を生きていく〟ということと言えますね。

博士　働《はたら》くのも、食べるのも、病気を治《なお》そうとするのも、すべて何らかの「価値」を得《え》よう、創《つく》ろうとしているんだ。生命の本然的《ほんねんてき》な働《はたら》きなんだ。

蓮華君　功徳を求めることを否定《ひてい》するということは、生きていくことを否定するようなものなんですね。

自身の生命の中からわき出てくるもの

博士　本来、仏法における「功徳」という言葉は「善《よ》い行いをしたことによって、その人に備《そな》わる徳性《とくせい》」や「善を積《つ》んで得《え》られるもの」という意味をもっていた。つまり、善の「行動」そのものに「功徳」は備わっているということだ。決して、自分の外から与《あた》えられるのではなく、自身の生命の中からわきあがってくるのが「功徳」なんだよ。

「一生成仏抄《いっしょうじょうぶつしょう》」には、「実践《じっせん》によって得られる功徳はすべて、自分自身の一念の中に納《おさ》まっている、と信心をとらえるべきである」（ポイント①）と教えられている。

蓮華君　他から功徳を与えてもらおうという考え方では、神頼《かみだの》みのようなものになってしまい、生活上の努力《どりょく》もかえりみられなくなってきますね。それでは、〝自分の人生を決めるのは自分自身〟という主体的《しゅたいてき》な生き方が損《そこ》なわれることになりかねません。

博士　功徳は、自分の行動に備わるものであり、自らの生命の中から出てくるものととらえれば、年に一度、初詣《はつもう》でで拝《おが》むだけで一家の安全や商売繁盛《しょうばいはんじょう》を願《ねが》う感覚が、どれだけ虫のいい、いい加減《かげん》な宗教観であるかが分かるだろう。

蓮華君　そうすると、罰《ばち》というのも、悪《あ》しき「行動」に備わるもので、他から与えられたりするものではなく、自身の生命の中から出てくるということになるわけですか。

博士　そうだよ。戸田先生がこう言われている。「よく罰があたると言うけれど、あれはやめてもらいたい。罰なんかあたるものではない。汚物《おぶつ》は出るもので、汚物にあたるものではない。体にある、自分にあるものが出てくるのです。罰だって同じで、出るもので、あたるものではない」と。

蓮華君　分かりやすい譬《たと》えですね（笑い）。

人間は、悪いことが自分自身の中にあるとはなかなか思えないものですよね。だから、罰を、他者が自分を罰するものととらえてしまい、自分の誤《あやま》った行動から目をそらしてしまうことが多いのですね。

博士　「法」に背《そむ》いて罰を受けるといっても、神みたいな存在が悪事《あくじ》を裁《さば》くということではないんだよ。

例《たと》えば、横断歩道《おうだんほどう》を青信号《あおしんごう》で渡《わた》ると安全に進むことができるが、赤信号で渡ると交通事故に遭《あ》ってしまう。交通ルールという「法」に背いた自《みずか》らの行動によって、事故という罰が出てしまったことになる。

同じように、人間や環境や宇宙《うちゅう》を貫《つらぬ》く「妙法」という生命の根本の法則がある。この「妙法」のルールから外《はず》れた生き方をすれば、生活の上で罰を受けることなるんだ。

「人間革命」以上の功徳はない

蓮華君　功徳が、自らの行動に備わる「利益」や「快適《かいてき》さ」や「人々のためになること」といった価値にあるということはよく分かりました。けれど、こうした価値は、人や環境や時の流れによって変化するものですよね。病弱《びょうじゃく》な人にとっては人並《ひとな》みの健康は何よりの功徳ですが、健常者《けんじょうしゃ》にとってはなかなか功徳とは実感《じっかん》することができません。功徳とは、しょせん相対的《そうたいてき》なものなのでしょうか。

博士　いいところに目をつけたね。日蓮大聖人は「功徳とは、六根清《ろっこんしょう》浄《じょう》によって起《お》こるものだ。大聖人の教え通《どお》りに題目を唱《とな》える者たちは六根清浄になることができる。功徳というのは成仏のことなのだ」（ポイント②）と言われている。

「六根（眼根《げんこん》・耳根《にこん》・鼻根《びこん》・舌根《ぜっこん》・身根《しんこん》・意根《いこん》）」とは、視覚《しかく》、聴覚《ちょうかく》などの感覚《かんかく》や意識《いしき》のことだ。「六根」が「清浄」になるということは、私たちの立場でいえば「生命力」が「強化」されるということだ。

蓮華君　一般的《いっぱんてき》には「六根清浄《ろっこんしょうじょう》」と聞くと、健康《けんこう》な体《からだ》になったり、精神《せいしん》が癒《いや》されたりするようなことをイメージしますが。

博士　人間の幸福《こうふく》とは、環境（外界《がいかい》）と自分の「生命力」との関係で決まる。悪い環境に負《ま》ければ不幸《ふこう》であり、たとえ悪い環境でも自分の生命力が打ち勝てば幸福と感じることができる。

つまり、本当の「功徳」とは、どんな悪い環境も乗《の》り越《こ》えていける「生命力」を出せる仏界《ぶっかい》の生命を顕《あらわ》していくことなんだ。「人間革命」といっていいし、「宿命転換《しゅくめいてんかん》」ともいえる。

仏界の生命とは、どんな苦難や環境であっても、満々《まんまん》たる生命力で乗り越えていくことができる自由自在《じゆうじざい》の境涯《きょうがい》だ。だから、仏界の生命を顕していけば、生活上のさまざまなプラス面やマイナス面を含めて、すべて価値的《かちてき》なものへと転換していくことができる。これこそが絶対的《ぜったいてき》な功徳だよ。

蓮華君　なるほど。「成仏すること」や「人間革命すること」以上の功徳はないんですね。

博士　だから、大聖人が言われているように、「大聖人の教え通りに題目を唱える」、つまり広宣流布の大願に生きる人生を歩むことが、絶対的な功徳を積《つ》むことになるんだ。

蓮華君　私たちが奇跡的《きせきてき》に思うようなすごい功徳でも、境涯革命の功徳にはとても及《およ》ばないのですね。

とすると、私たちは成仏以外の功徳を追い求めてはいけないのですか。

博士　それは違うよ。さっきも言ったように、人間として生きている以上、〝健康で暮《く》らしたい〟〝豊かな生活を送りたい〟〝正しい社会をつくっていきたい〟といった価値を目指《めざ》すことは間違《まちが》っていないし、そうした功徳を実感することで妙法の力を確信することができる。

しかし、相対的《そうたいてき》な功徳も、成仏という絶対的な功徳を目指すなかで、生《い》かしていくことができるんだ。

叶うまで祈り続ける

博士 ここで、悩《なや》み多《おお》い若《わか》き蓮華君に、「絶対《ぜったい》に祈《いの》りが叶《かな》う方法」を教えてあげようか。
蓮華君 ぜひ、教えてください。お願いします。
博士 それはね、「叶うまで祈り続ける」ことだよ。
蓮華君 なーんだ。そんなことですか。僕をからかうなんて、博士も人が悪いですね。

博士　まあ、そう怒《おこ》らないで。でもね、冗談《じょうだん》で言ったように思うかもしれないけど、本当のことを言ったんだよ。大聖人が仰《おお》せのように、「たとえ太陽が西からのぼったとしても」（１３５２ジペー、通解）私たちの祈りが叶わないわけがない。そのうえで、「祈りとして叶わざるなく」（『日寛上人文段集』〈聖教新聞社〉４４３ジペー）について考えてみよう。

蓮華君　悩んでいる部員さんで「なかなか祈りが叶わないのですが」と言う人がいるのです。

博士　「祈りとして叶わざるなし」と言っても、魔《ま》法《ほう》の呪文《じゅもん》のように、祈れば何でもすぐにパッと叶うようなことを教えているわけではないんだよ。もし、そうだったら、誰《だれ》も努力《どりょく》しなくなるし、人間として堕落《だらく》してしまうじゃないか。

蓮華君　でも、「自分の祈りが叶わないのは、何か悪い理由があるのではないか」と思ったりする時がたまにあるのですが。

博士　そうした不《ふ》安《あん》や疑《うたが》いの心が、祈りにとって障害《しょうがい》となるんだよ。大聖人は、

「祈りが叶わないというのは、ちょうど弓《ゆみ》が強《つよ》いのに弦《つる》が弱《よわ》く、太刀《たち》や剣《つるぎ》があっても使う人が臆病《おくびょう》であるようなものである」（１１３８ﾍﾟｰｼﾞ、通解）と言われている。

祈りが叶うかどうかは、祈る側《がわ》の「信力《しんりき》（信じる力）」と「行力《ぎょうりき》（実践する力）」の強弱《きょうじゃく》によって決まる。いくら長い時間、題目を唱えても、疑いながら祈っていては、叶うものも叶わなくなる。

蓮華君　「叶わざるなし」の文は、「何でも簡単に叶う」という意味ではなく、「絶対に叶わないわけがない」と確信を奮《ふる》い起《お》こしていく「信力」の大切さを第一に教えているのですね。

では、どうすれば、「強い信」で祈ることができるのですか。

博士　何か気張《きば》って大声《おおごえ》で唱題しても、「強い信力」を出せるわけではない。大聖人はこう仰《おお》せだ。「子どもが母親を求《もと》めるように、御本尊を信じて題目を唱えていくことを信心というのです」（１２５５ﾍﾟｰｼﾞ、趣意）と。

取《と》り繕《つくろ》うことなく、まっすぐ純粋《じゅんすい》な気持ちで御本尊にぶつかるところから、強い信力は生まれてくるんだよ。祈りの目標もあいまいにせず、具体的《ぐたいてき》に明確《めいかく》にしていけばいいんだ。

蓮華君　もちろん、祈っていればいいということではありませんよね。現実に、具体的な努力をしなければ。

博士　当然のことだよ。祈り、そして真剣《しんけん》に人一倍《ひといちばい》の努力をしていくなかで、自分自身をよく見つめられるようになり、仕事や家庭など日常生活の向上《こうじょう》にもつながっていくんだよ。そうした祈りの持続が、最後には必ず勝利につながっていく。

祈りが叶うことだけが幸《しあわ》せになることではない。ある時点ではたとえ祈りが叶わなくても、祈りを続けていけば、最後には一番いい方向に必ず向かう。御本尊を受持《じゅじ》していけば、どんな形であれ、必ず幸福の方向に向かっていく。この確信が大切なんだよ。

蓮華君　後《あと》から振り返れば、「これが自分にとって最高の願《ねが》い通《どお》りの人生だった」と思えることが一番の所願満足《しょがんまんぞく》といえますね。

博士　だからこそ、表面的な結果に紛動《ふんどう》されてはいけない。「叶わざるなし」の言葉は、どんなことがあっても御本尊を受持し抜《ぬ》いていくことの大切さを教えていると思う。池田名誉会長は言われている。「人生は長い。晴天《せいてん》の日だけではない。雨の日も、烈風《れっぷう》の日もある。しかし何が起ころうと、信心があれば、最後は全部、功徳《くどく》に変わる」と。

蓮華君　あれが欲《ほ》しい、これが欲しい、と御本尊に功徳をねだるだけの生き方ではなく、広宣流布のために、自分もお役《やく》に立《た》っていこうと励んでいく信心が何よりも大切なのですね。

ポイント御書

①「仏《ほとけ》の名を唱《とな》へ経巻《きょうかん》をよみ華《はな》をちらし香《こう》をひねるまでも皆我《みなわ》が一念に納《おさ》めたる功徳善根《くどくぜんこん》なりと信心を取るべきなり」（３８３ジペー）

②「功徳とは六根清浄《ろっこんしょうじょう》の果報《かほう》なり、所詮《しょせん》今日蓮等の類《たぐ》い南無妙法蓮華経と唱《とな》え奉《たてまつ》る者は六根清浄なり、されば妙法蓮華経の法の師と成《な》つて大《おおい》なる徳有《さいわいあ》るなり、功《く》は幸《さいわい》と云《い》う事なり……功徳とは即身成仏《そくしんじょうぶつ》なり又《また》六根清浄なり」（７６２ジペー）

顕益《けんやく》と冥益《みょうやく》

どのような苦難も乗り越えていける境涯を得ることが最高の功徳！

祈りと功徳の顕れ方

蓮華君　博士、このあいだ、友人から、こう言われたのです。「私の周《まわ》りにいる学会員は、信心をしているのに、なかなか生活が良くなっているようには見えない。それに対して、信心していない人でも、幸福そうな人がいる。結局、信仰と幸福とはあまり関係ないのではないか」と。

そんなことはないと、しっかり反論したのですが、私も少しばかり諸天善神《しょてんぜんじん》に文句《もんく》を言いたかったですね。〝その人の信心がまだまだ足りないのかもしれませんが、もっとはっきりと分かる形で、祈ればすぐに功徳が顕《あらわ》れてもいいんじゃないのか〟って。

大白博士　ハハハ。蓮華君の怒《いか》りも、ついに諸天善神にまで向かっていくことになったね。

ちょうどいい機会だから、ここでは、「祈り」と「功徳」の顕れ方について学んでいくことにしよう。

信心の功徳には、はっきりと顕《あらわ》れる「顕益《けんやく》」と、目には見えない「冥益《みょうやく》」がある、と仏法では説かれている。

例えば、病気《びょうき》が治《なお》ったとか、経済的《けいざいてき》に裕福《ゆうふく》になった、といったようなことは「顕益」と言えるだろう。一方、境涯《きょうがい》が大きく開けるようになったとか、日々の生活を充実《じゅうじつ》して取り組めるようになったということは、人の目には分かりづらいから、「冥益」ととらえていくことができるだろう。

大聖人は、「祈り」と「功徳」の顕れ方について、「顕祈顕応《けんきけんのう》」「顕祈冥応《けんきみょうおう》」「冥祈冥応《みょうきみょうおう》」「冥祈顕応《みょうきけんのう》」という四つの形を挙《あ》げられている（ポイント①）。「顕応」は「顕益」で、「冥応」は「冥益」のことだ。「顕祈」とは、何か具体的な悩《なや》みや対象《たいしょう》が出てきたことへの祈りで、「冥祈」は日ごろからの着実《ちゃくじつ》な祈りといえる。

蓮華君　これら二つの「祈り」と二つの「功徳」の顕れ方の組み合わせで四つに

なっているのですね。

博士　だから、「顕祈顕応《けんきけんのう》」とは、何か問題に直面《ちょくめん》した時に祈り、それに応じて、解決の道が開《ひら》かれ、願《ねが》いが叶《かな》うということ。

「顕祈冥応《けんきみょうおう》」とは、祈りに応じた具体的な結果が直《ただ》ちに顕《あらわ》れなくても、その功徳が目に見えない形で長い間には成就《じょうじゅ》してくこと。

「冥祈冥応《みょうきみょうおう》」とは、日々の真剣《しんけん》な祈りを通して、自然に生命が磨《みが》かれ、豊《ゆた》かな境涯《きょうがい》を開いていけること。

「冥祈顕応《みょうきけんのう》」とは、日々の祈りによって、いざ問題が起こった時やチャンスが訪《おとず》れた時に具体的な結果が顕れるというものだ。

大聖人の仏法は冥益が根本

蓮華君　先ほどの話から言えば、具体的な悩みや願いを祈れば直ちに叶う「顕祈顕応」が一番ありがたいですよね。

博士　でも努力しなくてもよいのであれば、あまりにも虫がよすぎるというものだよ。

仏法の祈りとは、そんな〝まじない〟のようなものではないんだよ。もし、祈ったことがすぐに叶うようなことばかりだったら、間違《まちが》いなくみんな堕落《だらく》して不幸《ふこう》になってしまうじゃないか。子どもだって、「これ買《か》って」とねだられるたびに親《おや》が買《か》い与《あた》えていたら、ろくな人間に育《そだ》たないだろう。

蓮華君　でも、祈りがすぐに叶う時もありますよね。それには、どういう意味があるのですか。

博士　初めて信仰《しんこう》した人が仏法の功徳を実感できるようにと、祈りがすぐに叶ういわゆる〝初信《しょしん》の功徳〟というようなことがある。また、「冥祈顕応」のように、日ごろから真剣に祈っている人が、突然《とつぜん》の病気《びょうき》や事故《じこ》にあっても、守《まも》られ、軽《かる》くすむということもある。

仏法は最高の道理《どうり》だから、すべてが道理にかないながら幸福の方向へと向かっていく。妙法の功徳がすぐに顕れないのも妙法の慈悲《じひ》であり、すぐに顕れるのも妙法の慈悲なんだよ。

蓮華君　大切なのは、この御文にあるように、〝祈りに対する功徳の顕れ方にはさまざまあるが、この信心を貫《つらぬ》いていけば、現世《げんせ》と未来世《みらいせ》の願《ねが》いが必ず成就《じょうじゅ》していく〟（ポイント①）。このことを確信していくことなんですね。

博士　その通りだよ。

大聖人は、「釈尊《しゃくそん》の仏法は顕益《けんやく》であるが、下種仏法である大聖人の仏法は冥益《みょうやく》が根本《こんぽん》である」（ポイント②）と仰《おお》せになっている。

私たちはつい願《ねが》ったことがすぐに叶《かな》う顕益《けんやく》の教《おし》えの方をありがたく思ってしまうところがあるが、それだけでは、人間を根底《こんてい》から救《すく》っていくことにはならない。人間というものは、悩《なや》みが解決《かいけつ》すれば別な悩みが生まれ、願いが叶えばさらなる願いが出てくるものだ。そうした価値観《かちかん》のみに終始《しゅうし》していては、結局《けっきょく》、本当の幸福《こうふく》を見失《みうしな》ってしまう。

大聖人の仏法は、人間を本当の意味で幸福にしていくための宗教だ。だから、冥益《みょうやく》を根本《こんぽん》としなければならないと教えられているんだ。

仏界《ぶっかい》という最高の境涯《きょうがい》を顕《あらわ》すことで、どんな苦難《くなん》が押《お》し寄《よ》せようとも、敢然《かんぜん》とそれと戦い、乗《の》り越《こ》え、さらに人間として輝《かがや》き、成長し続けることができる。どのような苦難も乗り越えていける境涯を得《え》ることこそが、目には見えないが、永遠に崩《くず》れることのない最高の功徳である「冥益」なんだよ。

蓮華君　その「冥益」さえ生命の奥底《おうてい》にあれば、いざ何かあった時でも、「顕益」として顕すこともできますね。

博士　その「冥益」をつちかっていくためには、一朝一夕《いっちょういっせき》ではできない。日々《ひび》の着実《ちゃくじつ》な信仰《しんこう》の積《つ》み重《かさ》ねがあってこそ、獲得《かくとく》できる境涯だ。だから、周《まわ》りから見て、〝あまり幸福には見えない〟なんて簡単《かんたん》に言えるものではないよ。

現実世界は、紙に書かれた方程式《ほうていしき》のように物事《ものごと》が進《すす》む世界ではない。矛盾《むじゅん》に満《み》ちた世界でもある。一時期だけを見れば、善人《ぜんにん》が不幸《ふこう》になり、悪人《あくにん》が栄《さか》えているように見える時もある。でも、信仰と人生は、長い目で見なければならない。

軽《かる》い羽根《はね》をビルの屋上《おくじょう》から落《お》とせば、ある時は風に吹《ふ》かれて舞《ま》い上《あ》がったり、違《ちが》う方向に飛ばされたりすることがあるかもしれない。しかし、いつかは重力《じゅうりょく》に引《ひ》っ張《ぱ》られて必《かなら》ず地面《じめん》に達《たっ》する。それと同じように、この信心で必ず所願《しょがん》が満《まん》足《ぞく》できることを確信していくべきなんだよ。

ポイント御書

①「祈禱《きとう》に於《お》いては顕祈顕応《けんきけんのう》・顕祈冥応《けんきみょうおう》・冥祈冥応《みょうきみょうおう》・冥祈顕応《みょうきけんのう》の祈禱有《あ》りと雖《いえど》も只《ただ》肝要《かんよう》は此《こ》の経の信心を致《いた》し給《たま》い候《そうら》はば現当《げんとう》の所願満足《しょがんまんぞく》有る可《べ》く候《そうろう》」(1242ジペー)

②「正像《しょうぞう》に益《やく》を得《え》し人人は顕益《けんやく》なるべし在世結縁《ざいせけちえん》の熟《じゅく》せる故《ゆえ》に、今末法《いままっぽう》には初めて下種《げしゅ》す冥益《みょうやく》なるべし」(1277ジペー)

火の信心・水の信心

燃え上がる信心の情熱を
水の流れるように持続する「熱湯の信心」に

目指すべき信心の在り方

蓮華君　弘教《ぐきょう》を推進《すいしん》したり、地域《ちいき》に学会理解者を広げる活動をしていると、反省《はんせい》させられることがあります。

日ごろから、もっと友人のことを祈り、対話を重《かさ》ねていれば、もっと結果が出せたのに、ということです。僕《ぼく》は、発心《ほっしん》すると燃《も》え立《た》つように頑張れるのですが、活動が一段落《いちだんらく》してしまうと、安易《あんい》な道に流されてしまい、決意が長続きしません。

やっぱり、「火の信心」ではなく、「水の信心」でなければならないのですね。

でも、僕のようなタイプの人間は、地味《じみ》に細々《ほそぼそ》と続けていくのは苦手《にがて》なのですが。

大白博士　「火の信心」「水の信心」というのは、人間の性格や傾向性の違《ちが》いでは決してないんだよ。「水の信心」とは、どんな人も共通して目指すべき信心の在《あ》り方《かた》なんだよ。

〝水の流れるような信心〟と聞くと、サラサラ流れる静《しず》かなイメージから、それなりに信心を続けていくことだと蓮華君は勘違《かんちが》いしているんじゃないか。締《し》め忘《わす》れた蛇口《じゃぐち》からポタポタと水が落《お》ちてくるような、そんな信心を教えられているのではないよ（笑い）。

蓮華君　それは、僕の誤《あやま》った認識《にんしき》でした。

では、博士、本当の「水の信心」について、くわしく教えてくれませんか。

博士　その前に、こちらから一つ質問《しつもん》してみよう。

日蓮大聖人が、「あなたは、いつも水の流れるように信じておられるのであろう。尊《とうと》いことである。尊いことである」（ポイント①）と、「水の信心」について教《おし》えられている相手は、いったいどういう人だと思う？

蓮華君　うーん。きっと、純真《じゅんしん》で一途《いちず》な信心を貫《つらぬ》いて、ほめられるような方でしょうから、おそらく年配《ねんぱい》のご婦人《ふじん》じゃないですかね。

博士　残念《ざんねん》でした。答えは、当時、19歳ほどの南条時光《なんじょうときみつ》なんだよ。

蓮華君　へえー。それは本当に意外《いがい》です。時光は、若くしてそんなに強盛《ごうじょう》な信心だったのですか。

南条時光の「不退の信心」

博士　当時、富士《ふじ》方面の信徒の中心的な存在だった南条時光は、幕府《ばくふ》の御家人《ごけにん》で社会的な力も持っていたため、大聖人に敵対《てきたい》する勢力《せいりょく》から迫害《はくがい》を受けていた。

「日蓮房を信じていては、さぞかし苦労《くろう》するであろう。主君《しゅくん》の覚《おぼ》えも悪《わる》かろう」(1539ジペー、趣意)と、味方《みかた》のようなふりをして誘惑《ゆうわく》されたり、門下《もんか》にも卑劣《ひれつ》な分断工作《ぶんだんこうさく》が仕掛《しか》けられていた。

さらに、このお手紙をいただいた時は、旱魃《かんばつ》による飢饉《ききん》や、家族《かぞく》に病人《びょうにん》が出るという大変苦しい状況にもあったようだ。そんな時でも、時光は、退《たい》することなく、大聖人のもとを訪《おとず》れて、さまざまなご供養《くよう》の品々《しなじな》を届《とど》けることをやめなかったんだ。

蓮華君　私のように、熱《ねっ》に浮《う》かされて決意したことをすぐに忘《わす》れて、挫折《ざせつ》してしまうようなのは、時光の「水の信心」に比《くら》べれば、「火の信心」という以前《いぜん》の問題ですね。

博士　時光に大聖人はこう言われている。

「今、法華経を火のように信ずる人もいる。あるいは水のように信ずる人もいる。火のように信ずる人は、法門《ほうもん》を聞いた時は燃《も》え立《た》つように感激《かんげき》するけれども、時が経《た》つにつれて捨《す》てる心が起《お》きてくる。水のように信ずるというのは、いつも退することなく信ずることをいうのである」（ポイント②）

蓮華君　大聖人は、どんな迫害や苦《く》難《なん》があっても、師匠を守り続け、同志を守り抜《ぬ》く、その絶《た》えざる時光の「不退の心」を「水の信心」と称賛《しょうさん》されたのですね。

博士　そうなんだ。

〝水が流れるように〟といって、ただ単に細々《ほそぼそ》と続《つづ》ければいいというのではない。そんな消極的《しょうきょくてき》な姿勢《しせい》では、この信仰《しんこう》を生涯《しょうがい》貫《つらぬ》くことはできない。

苦難があるからこそ、人間として大きく成長することができる。悪と戦うからこそ、自分の弱さを克服《こくふく》して、人間革命することができる。その苦難に立ち向かう、燃《も》えるような覚悟《かくご》の心がなければ、水の信心など貫くことはできない。

大聖人はこうも教えられているんだよ。

「この法華経を受けることはやさしいが、持《たも》つことは難《むずか》しい。しかし、成仏は持ち続けることにある。それゆえに、この法華経を持つ人は必ず難にあうのだ、と心得《こころえ》て持つべきである」（ポイント③）

「熱湯の信心」こそ理想の姿

蓮華君　本当の水の流れるような信心とは、冷《つめ》たい水のようなものではなく、熱《ねっ》湯《とう》のような信心なのですね。

博士　池田名誉会長は、次のような指導をしている。

〃火のような信心では危《あぶ》ないが、かといって、生《なま》ぬるく消極的な惰《だ》性《せい》の信心では、とうてい広宣流布を推進することはできない。

「水の信心」とは言うが、時や条件によっては、沸《ふっ》騰《とう》することもある。燃え上がる信心の情熱を、水の流れるように持続する「熱湯の信心」こそ理想の姿ではないか〃と。

蓮華君　今までの僕がもっていた「水の信心」への見《み》方《かた》が大きく変わりました。これまで自分には苦《にが》手《て》なものと考えていた「水の信心」というものが、青年として真《ま》っ先《さき》に挑戦しなければならないものだと思えるようになりました。

博士　そう張《は》り切《き》るのはいいが、やはり長い人生だから、大きな苦難《くなん》や障害《しょうがい》に負けてしまいそうになる時もある。その時にどうすべきかが大事だ。

蓮華君　僕《ぼく》も、そこが一番知りたいところです。

博士　ここでも、南条時光の信心に学んでみたい。なぜ南条時光が信心を生涯貫くことができたか。

一つには、先ほども述べたように、師匠を求め抜いたからだということだ。

もう一つは、異体同心《いたいどうしん》の同志の団結のなかで信心を磨《みが》いたからだと思う。

門下のなかには、大聖人から直接《ちょくせつ》指導を受けていた者も多くいた。しかし、孤《こ》独《どく》な独《ひと》りよがりの信心になってしまえば、師匠の言葉を忘れ、障魔《しょうま》に負《ま》けてしまいかねない。その点、時光は、大聖人、日興上人《にっこうしょうにん》のもとで、同志とともに、師弟共戦《きょうせん》に徹《てっ》したからこそ、信心を貫くことができたんだよ。

蓮華君　つまり、不退の信心をつくっていくためには、組織がとても大切になってくるのですね。

博士　そうだ。善知識《ぜんちしき》であるさまざまな同志と切磋琢磨《せっさたくま》することによって、「火の信心」という一時的《いちじてき》に盛《も》り上《あ》がってすぐに冷《さ》めてしまう傾向性《けいこうせい》も正《ただ》すことができるし、惰性《だせい》も戒《いまし》めることもできる。

蓮華君　師匠を求めぬき、もっともっと学会の中でもまれて、何物にも紛動《ふんどう》されない、「熱湯の信心」を培《つちか》っていきたいと思います。

ポイント御書

①「此《こ》れはいかなる時も・つねは・たいせずとわせ給《たま》えば水のごとく信ぜさせ給へるかたうと《尊》し・たうとし」（1544ページ）

②「今の時・法華経を信ずる人あり・或《あるい》は火のごとく信ずる人もあり・或は水のごとく信ずる人もあり、聴聞《ちょうもん》する時は・もへ《燃》たつ《立》ばかりをも《思》へども・とを《遠》ざかりぬれば・すつる心あり、水のごとくと申すは・いつも・たい《退》せず信ずるなり」（1544ページ）

③「大難来《だいなんきた》れども憶持《おくじ》不《ふ》忘《ぼう》の人は希《まれ》なるなり、受《う》くるは・やすく持《たも》つはかたし・さる間・成仏は持つにあり、此《こ》の経を持たん人は難に値《あ》うべしと心得《こころえ》て持つなり」（1136ページ）

仏法即社会

仏法者として地域・社会での実証を

信仰と現実社会との両立に挑戦

蓮華君　御書を学んでいると、一見《いっけん》すると相反《あいはん》しているように思えるようなところがあります。

例《たと》えば、あるお手紙《てがみ》では「たった一遍《いっぺん》でも題目を唱《とな》えれば、一人として成仏しないことはない」（1573ジペー、趣意）と仰《おお》せになっています。しかし、別のお手紙では「漆千杯《うるしせんばい》でもカニの足を1本入れてしまえばダメになる。同じように、どれほど信仰しても、謗法《ほうぼう》を責《せ》めなければ地獄《じごく》に堕《お》ちてしまう」（1056ジペー、趣意）とあります。僕にとっては矛盾《むじゅん》することが書かれているように感じるのですが、いったい、どう考えればいいのですか。

大白博士　どちらもお手紙をいただいた人にとっては真実といえるんだよ。

確かに正しい宗教は、道理《どうり》にかなった教えでなければならない。大聖人の仏法は、生命の根本法を明《あ》かし、生命の変革《へんかく》について絶対的《ぜったいてき》な真実を説いている。しかし、現実に生きる一人ひとりの人間に対して、どのように具体的《ぐたいてき》な指針《ししん》を与《あた》えていくかについては、時や場合に応じて変わってくるし、時には矛盾するように見えることもある。

蓮華君　人間は、時には道理に矛盾した行動をすることもありますからね。

博士　もし、「たった一遍の題目でも成仏できる」という言葉を表面的《ひょうめんてき》に受け止《と》めているならば、誰《だれ》も真剣《しんけん》に仏法を実践《じっせん》しようとしなくなるだろう。逆に、「ただの一つでも法に背《そむ》くことがあってはならない」という言葉を教条的《きょうじょうてき》に受け止めただけならば、人間精神の委縮《いしゅく》につながり、誰も信仰を貫《つらぬ》いていけなくなる。

つまり、人間が生きるということは、現実の矛盾する課題《かだい》から逃《に》げることなく、真正面《ましょうめん》から向《む》き合《あ》い、その緊張感《きんちょうかん》のなかでバランスを取りながら、自分を磨《みが》き、前へ前へと進んでいくということだ。そのことを大聖人は教えようとされているんだよ。

蓮華君　なるほど。この現実社会は矛盾に満《み》ちた世界であるゆえに、一つの理想をすべてに当てはめていこうとすればつぶれてしまう。しかし、理想や目標を持とうとしない人生は怠惰《たいだ》に流《なが》され、堕落《だらく》してしまうものなのですね。

その話を聞いて、考えさせられることがあります。

よく「地域や社会で実証を示《しめ》す」と言われますが、今の厳《きび》しい社会情勢《しゃかいじょうせい》にあって職場《しょくば》で実証を示そうとすると、仕事にかかりっきりになってしまい、学会活動がおろそかになってしまうと感じることがあります。これも、現実の相反《あいはん》した課題への挑戦といえますね。

博士　「仕事と信仰」「家庭と信仰」「地域活動と信仰」――私たちはさまざまな面で、信仰と現実社会との両立《りょうりつ》に立《た》ち向《む》かっている。永遠に挑戦していくテーマと言ってもいいだろう。

仏法者として社会で勝利することは仏法の正義を示すためにはとても大切なことだ。しかし、それは単に世法的《せほうてき》な成功《せいこう》を意味《いみ》するものではない。「蔵《くら》の財《たから》」より「身の財」、「身《み》の財」より「心の財」が大事なのだから。

蓮華君　とはいえ、私たちの心の中には、「信心しているから何とかなる」という甘《あま》えの罠《わな》があることも確《たし》かですね。一般社会の人々には、自分の努力しか信じるものがないことから、それこそ必死《ひっし》に仕事に、家庭や教育に取《と》り組《く》んでいる人も多くいます。

一人前の信心と三人前の仕事

博士　〝甘えの信心〟に逃《に》げるのでもなく、どのように社会で実証を示していくのか。この課題を乗り越えていくためには、何のために地域、社会で実証を示していくのか、ということだと思う。

大聖人が示された二つの御文《ごもん》を拝《はい》したい。

一つは、四条金吾《しじょうきんご》に宛《あ》てたもので、「強盛《ごうじょう》の大信力《だいしんりき》を出して、『あの方こそ、法《ほっ》華宗《けしゅう》の四条金吾よ、四条金吾よ』と鎌倉中《かまくらじゅう》、日本中の人々から謳《うた》われるようになりなさい」(ポイント①)という指針だ。

蓮華君　信仰しているがゆえに、周《まわ》りの同僚《どうりょう》からさまざまな迫害《はくがい》を受《う》けている金吾に対して、地域、社会の人たちから賛嘆《さんたん》されるような人間になっていきなさい、との激励《げきれい》ですね。

博士　もう一つは、京の貴族《きぞく》に説法《せっぽう》をして称賛《しょうさん》された三位房《さんみぼう》に、大聖人はこう言われている。「お前は、貴族に説法をして『面目《めんぼく》を施《ほどこ》した』などと書いて寄《よ》こしたが、おかしなことだ。お前は、世界で最も尊《とうと》い仏法の実践者《じっせんしゃ》にもかかわらず、それよりはるかに低い日本の権力者《けんりょくしゃ》に仕《つか》える存在《そんざい》に過《す》ぎない者たちにほめられて喜んでいるとは、日蓮を卑《いや》しんで書いているのか!」(ポイント②)と。

蓮華君　この御文では、「社会で称賛されて思《おも》い上《あ》がってはならない。最高の仏法を実践できることが真実の誉《ほま》れではないか」と叱咤《しった》されているのですね。

博士　大事なことは、「社会で実証を示そうとする」――その奥底《おうてい》にある一念だ。

単に、社会での勝利が自分の虚栄心《きょえいしん》を満《み》たすためのものなのか。それとも、仏法の正義を証明するため、師匠の素晴らしさを満天下《まんてんか》に示すためなのか。その一念の違いが、本当に社会で勝つか負けるかの違いになっていくんだよ。

蓮華君　四条金吾についての場合も、単に社会で称賛されるのではなく、「法華宗の四条金吾」と言われるようになりなさいと教えられています。私たちも「さすが学会員だ」と言われる存在でなければならないのですね。

博士　「信心は一人前、仕事は三人前」との学会指導について、池田名誉会長はこう指導されている。「『信心は一人前』とは、広宣流布をわが使命と定め、決然《けつぜん》と『一人立つ』ことです」「決定《けつじょう》した、この『一人前』の信心があってこそ、『三人前』といえる堂々《どうどう》たる仕事を成《な》し遂《と》げ、職場に勝利の旗《はた》を打《う》ち立《た》てることができる」と。

蓮華君　〝戸田先生が最も苦境《くきょう》にあった時に、何もかも捨《す》てて戦ったからこそ、今、世界から称賛されている〟と池田先生が何度も言われている言葉の重みは、現実社会で真剣に戦い抜かないと分かりません。私も、青年として、口先《くちさき》ではなく、すべてをやり切ると決めて、一歩も引かない決意で頑張《がんば》ります。

ポイント御書

①「強盛《ごうじょう》の大信力《だいしんりき》をいだして法華宗《ほっけしゅう》の四条金吾《しじょうきんご》・四条金吾と鎌倉中《かまくらじゅう》の上下万人《ばんにん》乃至《ないし》日本国の一切衆生《いっさいしゅじょう》の口にうたはれ給《たま》へ」（１１１８㌻）

②「御持仏堂《じぶつどう》にて法門申《もう》したりしが面目《めんぼく》なんどかかれて候事《そうろうこと》・かへすがへす不思議《ふしぎ》にをぼへ候……面目なんど申すは・旁《かたがた》せん《詮》ずるところ日蓮をいや《卑》しみてかけるか」（１２６８㌻）

難を乗り越える信心

難に立ち向かうなかで生命が鍛えられ
金剛の信心が培《つちか》われる

難にどう向き合うか

蓮華君　このあいだ、部員さんが久《ひさ》しぶりに会合に出てきて、暗《くら》い表情《ひょうじょう》でこう言うのです。「会社ではリストラにあい、今度はそれに追《お》い打《う》ちをかけるように家庭問題《かていもんだい》が……。信心しているのに、次から次へと悩《なや》みが出てくるのです。これは罰《ばち》なんでしょうか、障魔《しょうま》なんでしょうか、それとも私の宿業《しゅくごう》なのでしょうか」と。どう答えればいいのでしょうか。

大白博士　それは大変な問題だね。でも蓮華君、難をどうとらえるかも大事だけど、その人にはもっと大切なことがあると思うよ。信心していても苦難がなくなるということはないんだよ。

日蓮大聖人は「我並《われなら》びに我《わ》が弟子《でし》・諸難《しょなん》ありとも疑《うたが》う心なくば自然に仏界《ぶっかい》にいたるべし」(234ジベー)と仰《おお》せだ。たとえさまざまな悩みが起こったとしても、信心を疑わずに素直《すなお》に進んでいけば、必《かなら》ず仏界の境涯《きょうがい》を開いていくことができるということなんだ。

一番大切なのは、どんな難があろうと敢然《かんぜん》と立ち向かっていく姿勢《しせい》なんだよ。それが信心の本質《ほんしつ》なんだよ。

蓮華君　苦難の意義をどうとらえるかよりも、苦難そのものに挑《いど》む姿勢を考え直《なお》さなければならなかったのですね。

博士　確かに、信仰《しんこう》の途上《とじょう》で直面《ちょくめん》する悩みや苦しみにはどのような意義があるのか、を教学の上から学ぶことは、信心の確信を深めるためにも大切なことだ。後ほど、これらの点について学んでいきたいと思うが、何よりもまず大切なのは難にどう向き合うかなんだよ。

実は、四条金吾《しじょうきんご》も、主君《しゅくん》から絶縁《ぜつえん》を言い渡されるなどの苦境《くきょう》に陥《おちい》り、「『現世安《げんせあん》穏《のん》』と聞《き》いていたのに、大難が雨のように降《ふ》りかかってきました」（１１３６ジペー、趣意）とグチをこぼしていたことがあったんだ。

蓮華君　あの四条金吾がそんな弱音《よわね》を吐《は》いていたんですか。意外《いがい》ですね。

「現世安穏」の本当の意味

博士　金吾に大聖人はこう仰《おお》せだ。「火に薪《たきぎ》を加《くわ》えれば火は盛《さか》んになる。法華経の行者《ぎょうじゃ》は火で、大難は薪だ。法華経の行者は久遠長寿《くおんちょうじゅ》の如来《にょらい》なんだ」（ポイント）と。

つまり、信心に励《はげ》む人は、難に遭《あ》うごとに、力《ちから》を増《ま》して、成長《せいちょう》していくことができるということだ。それは、難に遭うことによって、その人自身の生命に具《そな》わっている〝仏の生命〟を顕《あらわ》していくことができるからなんだ。生命力が強くなれば、苦難《くなん》も悠々《ゆうゆう》と乗《の》り越《こ》えることができ、人生《じんせい》の醍醐味《だいごみ》もそこにある。それが、本当の意味での「現世安穏」ということなんだよ。

蓮華君　平穏無事《へいおんぶじ》に生きることが「安穏」ではないのですね。何があっても、揺《ゆ》るがない境涯《きょうがい》を築《きず》くことが「安穏」なのですね。

でもそうは言っても、人間だから、苦難が起これば、どうしてもたじろいでしまうことが多いと思うのですが。

博士 だから、日ごろの信心活動のなかで、難に立ち向かう姿勢を学び、体得《たいとく》することが必要なんだよ。

大聖人は「難来《なんき》たるを以《もっ》て安楽《あんらく》と意得《こころう》可《べ》きなり」（750ページ）と仰せのように、日ごろから難が来た時こそ境涯を開くチャンスと積極的《せっきょくてき》にとらえるように教えられている。また、さまざまな御書で、難に遭うことを喜びだとも言われている。逆に、日常において困難《こんなん》から逃《に》げ、鍛《きた》えを避《さ》けるところには、向上《こうじょう》もなければ成長もない。苦難こそ自身を最も深い意味で磨《みが》くための成長の糧《かて》ととらえていくことが大切なんだよ。

蓮華君 日ごろから難に立ち向かう姿勢を、信行学《しんぎょうがく》の上でシミュレート（模擬訓練《もぎくんれん》）しておくことなのですね。

博士　難に向かう心構《こころがま》えができていれば、自分の宿命《しゅくめい》であろうと障魔《しょうま》であろうと明《あき》らかに見抜《みぬ》くことができる。しかし、もともと難に対して後《うし》ろ向《む》きであれば、自分の宿命を見つめても、「自分はなんでこんなに業《ごう》が深《ふか》いんだろう」という嘆《なげ》きや諦《あきら》めの気持ちが出てきてしまうものなんだ。

蓮華君　信心が深まったから難に向かうのではないのですね。難に向かっていくなかに、生命が鍛《きた》えられ、金剛《こんごう》の信心が培《つちか》われていくのですね。

エゴイズムを乗り越えるために

博士　ここで、私たちは何を目指して信心しているのかを確認しておこう。

蓮華君は、仏《ほとけ》の境涯《きょうがい》を目指して自身の生命を変革《へんかく》しよう、と仏法を実践《じっせん》している。もし信心をして物事が順調に運んでばかりで、何の苦労も悩《なや》みもなくなってしまえば、どうなると思う。

蓮華君　そうですね。よほど崇高《すうこう》な目指すべき目標があれば違うんでしょうが、悩みがなくなってしまえば、もう成仏《じょうぶつ》なんか必要《ひつよう》ないと思ってしまうかもしれませんね。

博士　そうかもしれないね。

この仏法は、自分自身に具《そな》わっている仏界《ぶっかい》という最高の生命境涯を目指すことを教えている。その最高の生命は万人《ばんにん》にも具わっていることを人々に教えていくなかで、自身のなかにある仏の生命を顕《あらわ》していくことができる。しかし、人間は、〝自分がよければ、それでいい〟という傾向性《けいこうせい》ももっている。

蓮華君　人間は、仏の生命を顕していくこともできますが、それを妨《さまた》げようとする生命ももっているんですね。

博士　大聖人はこう仰《おお》せだ。

「私たちが住むこの世界は第六天の魔王《まおう》が支配《しはい》する国土《こくど》だ」「第六天の魔王は、この世界が仏の領土《りょうど》にとって代《か》わられないように、成仏しようとする者が出てくると、その者の周《まわ》りのさまざまな人々、環境、社会に働《はたら》きかけて成仏を妨害《ぼうがい》しようとする」(「兄弟抄《きょうだいしょう》」1081ページ、「三沢抄《みさわしょう》」1487ページ、趣意)と。

第六天の魔王とは、自身の生命に具わっている「元品《がんぽん》の無明《むみょう》」(生命の根源的《こんげんてき》な迷《まよ》い)だ。先ほど言った、「自分だけよければいい」というエゴイズムもその現《あらわ》れといえよう。

蓮華君　すると、成仏を目指すうえで、人間のもっている無明を乗り越えなければならないのですね。

博士　そうだよ。その無明を乗り越えるために、私たちは仏道修行において、さまざまな悩みや苦難に直面しているといえる。三障四魔《さんしょうしま》なんかもその一つなんだよ。

悩みがあるから、自分が目指すべきものを本気になって見つめることができる。自分が苦しんでいるから、人々の悩みにも同苦《どうく》することができるし、ともに幸《しあわ》せになろうと、相手を本気で救《すく》おうとすることができるんだよ。

「元品の無明」を打ち破る戦い

蓮華君　悩みや苦しみは、成仏のためには欠かせないことはよく分かりました。それでも、現実には、「信心しているのに、なぜ、このような苦しみを受けるのか」と思う時もありますが。

博士　そこには「宿命転換」の原理が大きくかかわっていると考えられる。

信仰《しんこう》をしている、していないにかかわらず、人間は誰《だれ》しも「宿業《しゅくごう》」を生命に刻《きざ》んでいる。大聖人以前の仏法では、「他人の物を奪《うば》ったから貧《まず》しくなった」「他人を蔑《さげす》んだから卑《いや》しい立場になった」といった因果《いんが》の道理《どうり》を説いた。しかし、大聖人は、そうした一般的《いっぱんてき》な宿業論《しゅくごうろん》を打《う》ち破《やぶ》った。

一切《いっさい》の悪業《あくごう》の根源にあるのは、〝自分には仏界という最高の生命があるとはとても信じられない〟〝他人にあるとも信じられない〟という「元品の無明」、つまり生命の根本的な迷いであると断じられた。だから、どんな重い宿業であろうと、元品の無明を打ち破れば、一切の宿業を一挙《いっきょ》に転換することができると説かれたんだよ。

蓮華君　なるほど、ここでも、「元品の無明」がキーワードなのですね。

博士　大聖人が説かれた南無妙法蓮華経の大法は、その無明を打ち破っていく法なんだ。

したがって、「私は宿業が重いんだ」と嘆《なげ》く必要《ひつよう》は全《まった》くない。これは障魔《しょうま》だから、これは宿業だから、ととらわれる必要もない。妙法を自行化他《じぎょうけた》にわたって行《ぎょう》じていくことは、すべて生命の根本の迷《まよ》いを乗《の》り越《こ》えるための実践になっている。

信仰の途上《とじょう》で直面する苦難を乗り越える戦いは、必ず宿命転換や罪障消滅《ざいしょうしょうめつ》に通じていくんだよ。

蓮華君　宿業とは、それを克服《こくふく》することで仏法の正しさを証明するためのものともいえますね。「願兼於業《がんけんおごう》」という考え方も、宿業というものは、使命を自覚した時には、生きるうえでのバネになることを教えているともいえますね。

ポイント御書

「火にたきぎ《薪》を加える時はさかんなり、大風《おおかぜふ》吹けば求羅《ぐら》は倍増《ばいぞう》するなり、松は万《まん》年《ねん》のよはひを持《たも》つ故《ゆえ》に枝《えだ》を・まげらる、法華経の行者は火と求羅との如《ごと》し薪《たきぎ》と風とは大難《だいなん》の如《ごと》し、法華経の行者《ぎょうじゃ》は久遠長寿《くおんちょうじゅ》の如来《にょらい》なり」（１１３６ページ）

主・師・親の三徳

人々を「守り」「教え」「育てる」
ことが仏の働き

仏の特質としての三徳

蓮華君　このあいだ、男子部の会合で御書を学んでいたら、若いメンバーからこう聞かれました。「御書に『主《しゅ》・師《し》・親《しん》の三徳』とありますが、今の時代からすると少し抵抗感《ていこうかん》があるのですが……」と。

大白博士　「主君《しゅくん》と家臣《かしん》」「師匠《ししょう》と弟子《でし》」「親と子」。表面的な言葉だけを見て、何か封建的《ほうけんてき》なイメージをもってしまったんだろうね。

まあ、古い人間の私だって、頭ごなしに「上の言うことを聞きなさい！」と言われたら、反発《はんぱつ》してしまうかもしれないな。

でも、日蓮大聖人が示された「主師親の三徳」とは、固定《こてい》した上下関係を説くものではない。現代にも通じる、いや、今の時代に生きる人々にとってこそ、欠《か》かせない考え方と言えるんだよ。

蓮華君　「主師親」というのは、日蓮大聖人が独自《どくじ》に考えられた徳なのですか。

博士　いや、そうではない。

昔《むかし》から、「仏」というものを、どうすれば人々に分からせることができるかは、大切な問題だった。

仏とは、真理《しんり》（法身《ほっしん》）であり、智慧《ちえ》（報身《ほうしん》）であり、人々を救《すく》う働《はたら》き（応身《おうじん》）とする「三身《さんじん》の仏」という考え方もあった。でも、こうした表現では、一般《いっぱん》の人々はなかなか身近《みぢか》に感じられない。

天台大師《てんだいだいし》の弟子《でし》の章安大師《しょうあんだいし》という人は、当時の人々が大事だと思っていた三つの徳を、仏の性質の説明として用《もち》いた。

蓮華君　それが主師親の三徳なのですね。

博士　そうだ。大聖人の時代もそうだった。「貞永式目《じょうえいしきもく》」という当時の武士の法律を見ても、主師親を大切にするという習慣《しゅうかん》があったことがうかがわれる。

大聖人は、この章安の考えをふまえて、誰《だれ》しもが納得《なっとく》して尊敬《そんけい》できる三つの要《よう》素《そ》を、仏の徳と定められたんだよ。

蓮華君　開目抄《かいもくしょう》の冒頭《ぼうとう》から掲《かか》げられたテーマですね。

「一切衆生《いっさいしゅじょう》が尊敬《そんけい》すべきものは主・師・親の三徳である。この三つの徳をすべて兼《か》ね備《そな》えている者が仏である」（ポイント①）と。

博士　「主の徳」とは、主君《しゅくん》のように「人々を守る」こと。「師《し》の徳」とは、師匠のように「人々を教え導《みちび》く」こと。「親の徳」とは、親のように「人々を育《そだ》て、慈《いつく》しむ」ことだ。

現実世界の民衆を救う仏は誰か

蓮華君　この三つの徳を兼ね備える意味とは、何でしょうか。

博士　大聖人はこう言われている。「父母《ふぼ》であっても、身分《みぶん》が低《ひく》ければ主君の徳をもつことはできない。主君であっても、父母でなければ、恐《おそ》ろしい面がある。

父母や主君といっても、師匠であるわけではない。諸仏《しょぶつ》は世尊《せそん》であるが、娑婆《しゃば》世界に出現していないから師匠ではない。ただ釈迦仏《しゃかぶつ》お一人《ひとり》だけが主師親の三徳を兼ね備えている」（ポイント②）と。

いくら愛情があっても、実力がなければ人々を守ることはできない。力があっても、慈愛《じあい》がなければ、人々はついてこない。

結局、三つの徳がすべてそろっていなければ、それぞれの徳を本当の意味で発《はっ》揮《き》させていくことはできないんだ。

蓮華君　この御文からすると、他の仏には主師親の三徳はない。ということになりますね。

博士　それは大聖人の本意《ほんい》ではないんだ。当時の人々は、阿弥陀仏《あみだぶつ》などの諸仏《しょぶつ》を「仏」と仰《あお》いでいた。しかし、諸仏といっても、根源《こんげん》の一法《いっぽう》である南無妙法蓮華経という仏によって、初《はじ》めて成仏できたのだよ。

蓮華君　譬《たと》えて言うと、阿弥陀仏を拝《おが》んでいた人たちは、〝実の親〟を見失《みうしな》い、

〝よその人〟を親と慕《した》っていたようなものですか。

博士　そうだよ。だから、大聖人は、真実の仏を見誤《みあやま》る諸宗《しょしゅう》の人々を「親の恩を知らない、才能《さいのう》ある畜生《ちくしょう》である」（215ページ、趣意）と喝破《かっぱ》されたんだ。

本当は〝実の親〟を教えたい。でも、それを直《ただ》ちに説《と》いても、当時の人々には受け止《と》められないから、〝実の親〟を知っている釈尊を、主師親《しゅししん》としていきなさいと教えられたんだと思う。

蓮華君　すると、釈尊が三つの徳を兼ね備えているというのは、どうとらえていけばいいのでしょうか。

博士　阿弥陀仏は西方極楽浄土《さいほうごくらくじょうど》に住《す》むという。しかし、浄土《じょうど》といっても結局《けっきょく》、現実《げんじつ》（娑婆《しゃば》世界）とかけ離《はな》れた他の世界であり、阿弥陀も私たちとは直接関係のない仏でしかない。

それに対して釈尊は、矛盾《むじゅん》あふれるこの現実世界の人々を実際に救い、導《みちび》いてきた。どちらが私たちにとって主師親を具《そな》えているかは明確だ。

一般的《いっぱんてき》には「仏」というと、金色《こんじき》に輝く仏像《ぶつぞう》のようなイメージがあるが、現実に生きている人々を、「守り」「教え」「育て」るのは、〝生身《なまみ》の人間〟にしかできない。

三徳を具えた真実の仏は

博士　ここまでの話を確認しておこう。

日蓮大聖人は、当時《とうじ》の人々が大事だと思っていた「主・師・親」の三つの徳をすべて具《そな》えた者が「仏」だと教えられた。

蓮華君　その背景《はいけい》には次のようなことがあるということでしたね。

当時の人々は、阿弥陀仏《あみだぶつ》のような諸仏《しょぶつ》を「仏」と仰《あお》いでいた。そのことをまず破折《はしゃく》する必要《ひつよう》がありました。架空《かくう》の世界にいる諸仏は現実世界の人々を救うことができないので、主師親の徳《とく》を具えてはいない。そこで、現実世界で人々を救っていく代表として、釈尊を取り上げられたのですね。

博士　さて、問題は末法に住む私たちだ。

佐渡《さど》に流罪《るざい》されてからの大聖人は、いよいよ末法の主師親の三徳を具えた「仏」とは誰かを明かすことになる。

蓮華君　それが、あの有名な「開目抄《かいもくしょう》」の一節《いっせつ》「日蓮は、日本国の人々にとって、主であり、師であり、父母《ふぼ》（親）である」（ポイント③）なのですね。日蓮大聖人自らが、御自身こそ主師親の三徳を具えた仏であると宣言《せんげん》されています。

博士　日蓮大聖人は、一切《いっさい》の諸仏《しょぶつ》が仏となることができた根源《こんげん》の一法である南無妙法蓮華経を明かされた。

この妙法を受持すれば、誰もが安穏《あんのん》に包《つつ》まれ、智慧《ちえ》をもって幸福の道を歩み、人徳《じんとく》あふれた人間に成長することができる。

いわば、南無妙法蓮華経を人々に説《と》くこと自体が、人々を「守り」「教え」「育《そだ》てる」という主師親の三徳につながっていくことを示していると言える。
　しかし、大聖人が主師親の三徳を具えているのは、ただ成仏《じょうぶつ》の根源《こんげん》の法を悟《さと》ったからだけではないんだ。

蓮華君　ほかには、どういう点で、大聖人が主師親の三徳を具えておられたと言えるのですか。

「忍難」と「慈悲」に三徳が凝縮

博士　大聖人のお振《ふ》る舞《ま》いそれ自体が、主師親の三徳を体現《たいげん》されているということだ。
　当時、相次《あいつ》ぐ災難《さいなん》に苦しむ日本国の人々を「守ろう」として、正法《しょうほう》に背《そむ》き邪法《じゃほう》に帰依《きえ》する権力者《けんりょくしゃ》を諫《いさ》め、「立正安国《りっしょうあんこく》」を説かれた行動は、「主の徳」の面を表している。

悟《さと》られた南無妙法蓮華経を、人々が実践できる具体的《ぐたいてき》な方法として「三大秘法」を「教え」られた。これは「師の徳」の面といえよう。

さらに、どんな大難が起《お》こっても、それらをすべて耐《た》え忍《しの》ばれて、末法《まっぽう》の人々を「育て」「慈《いつく》しまれ」たのは「親の徳」の面を示しているといえる。

蓮華君　特に大聖人は、「開目抄」で次のように述べられていますね。

「日蓮の法華経を理解する智慧《ちえ》は、天台《てんだい》や伝教《でんぎょう》の千万分の一にも及《およ》ばないけれども、難を忍《しの》び慈悲《じひ》がすぐれていることには、だれもが恐《おそ》れさえ抱《いだ》くだろう」（ポイント④）と。

釈尊以降《しゃくそんいこう》の仏教の歴史で、自分以上に大難に耐え忍ぶ大慈悲をもった者はいないとの大宣言《だいせんげん》ですね。確かに釈尊以降、大聖人ほど大難を耐え忍び、人々を救《すく》おうとされた人はいません。

博士　釈尊ではなく、大聖人こそが主師親の三徳を具えていることを示す意義。それは、凡夫《ぼんぷ》の誰《だれ》もが必《かなら》ず難《なん》を乗《の》り越《こ》えて、成仏《じょうぶつ》できることを「手本《てほん》」として教《おし》えることにあったんだよ。
戸田先生は「私たち凡夫が慈悲を出そうとしても、なかなか出るものではない。その慈悲に代わるのは、勇気《ゆうき》である」と言われている。私たちの実践《じっせん》でいえば、勇気を出して戦うことが、大切になってくるんだよ。

蓮華君　こうして見てくると、私たちが主師親の三徳を手本として成仏することに、三徳の大切な意義があるのですね。

弟子の成長が師の徳を証明

博士　だんだん核心《かくしん》に近《ちか》づいてきたようだね。「諸法実相抄《しょほうじっそうしょう》」では次のように述べられている。

「凡夫こそが仏の本体《ほんたい》であり、本仏《ほんぶつ》である。それに対して、釈迦《しゃか》仏《ぶつ》や多宝仏《たほうぶつ》などの仏は、仏の働《はたら》きを示すものであり、迹仏《しゃくぶつ》に過《す》ぎない。したがって、釈迦仏は衆生に対して主師親《しゅししん》の三徳を具えていると思っていたが、そうではない。かえって、仏に三徳を与《あた》えているのは凡夫なのである」（ポイント⑤）と。

蓮華君　「仏が偉いから三徳を具えているわけでない。仏に三徳を与えているのは凡夫なんだ」というのはすごい発想《はっそう》の転換《てんかん》ですね。

博士　本当にそうだね。「仏身観《ぶっしんかん》」「三徳観」の劇的《げきてき》な転換といえる。

凡夫が仏界《ぶっかい》を顕《あらわ》す可能性を具えているから、仏は三徳を具えている、と教えられているんだよ。仏は、衆生《しゅじょう》とかけ離《はな》れたものとして存在するのではない。衆生の成仏を抜《ぬ》きに、仏はありえないんだよ。

蓮華君　一般的《いっぱんてき》には、主師親というと、主君《しゅくん》は家来《けらい》を従《したが》え、師匠は弟子を導き、親は子を育《そだ》てる、という固定《こてい》した上下関係が思い浮かびます。でも、仏と衆生の関係が、こうした固定したものであっては、衆生は永遠に仏になることはできません。

これでは、民衆が自立《じりつ》する宗教ではなく、民衆が権威《けんい》に従属《じゅうぞく》してしまう奴隷《どれい》の宗教になってしまいますね。

博士　主君は、家来を守り、幸せにしてこそ本物の主君となる。師匠は弟子を成長させてこそ本物の師匠となる。親は子どもを立派に育ててこそ本物の親となることができる。仏は、衆生を仏にしてこそ本物の仏となるんだよ。

釈尊がいみじくもこう言っている。「衆生が私と同じ仏になることが、私の願いである」と。

「恩」を知り「恩」に報いる

博士　これまでは、主師親の三徳について、仏の働《はたら》きの面から主《おも》に考えてきた。三徳とは、人々を「守《まも》り」「教《おし》え」「育《そだ》てる」という仏の働きを教えたものだったね。

次は、衆生の立場《たちば》から三徳をどのようにとらえていくべきなのかを考えてみたい。その一つのキーワードとして、仏法における「恩《おん》」という考え方を取り上げてみよう。

蓮華君　私たちのような若《わか》い世《せ》代《だい》からすると、「恩」という言葉から、何か古くさい、封建的《ほうけんてき》なイメージを思い浮《う》かべることが多いのですが……。仏法というよりは儒教的《じゅきょうてき》な考《かんが》え方《かた》じゃないのですか。

博士　「恩」と聞くと、何か否《ひ》定的《ていてき》に感じてしまう感覚に、現代社会が抱《かか》えている大きな問題が潜《ひそ》んでいると思うよ。

そのことについては後《あと》で話《はな》すとして、意外《いがい》に思うかもしれないけど、「恩」というのは、儒教を生《う》んだ中国だけではなく、インドなどでも広く使われていた思想なんだよ。

「恩」というのは、サンスクリット（古代インドの言葉）では、「クリタ・ジュニャー」と言う。意味は「なされたこと（クリタ）を知る（ジュニャー）」だ。

例えば、自分一人の力だけで大きくなった人は誰《だれ》一人いない。今、こうして自分があるのも、生み育ててくれた父母《ふぼ》がいるからだ、自分が食べたり使ったりしている物も、育てたり作ったりしている人のおかげだ、さまざまな知恵《ちえ》を知っているのも教えてくれた人がいたからなんだ、と考える。

つまり、「恩」というのは、自分に〝なされた〟ことを〝知る〟ということなんだよ。

さらに言えば、「恩」というのは、〝知る〟ということにとどまってはならない。恩を深く知れば、そこには必ず「恩」に〝報《むく》いる〟という「報恩《ほうおん》」の行《おこな》いが生まれてこなければならない。

蓮華君　仏法で説く「恩」とは、単に親や主君《しゅくん》などから、目に見える形でお世話《せわ》になったことだけを指《さ》すものではないのですね。一切衆生や社会や自然環境といった陰《かげ》の存在にまで感謝の思いをはせていくものなのですね。

博士　「元品《がんぽん》の無明《むみょう》」という、人間の根源的《こんげんてき》な迷《まよ》いとは、一面から考えれば、「自分だけよければ」というエゴイズムといえるだろう。

個人の尊厳《そんげん》を高《たか》らかに宣言《せんげん》した近代社会は、神や主君という封建的《ほうけんてき》な抑圧《よくあつ》から人間を解放《かいほう》した。

しかし、今度《こんど》は、個人の存在だけに目を奪《うば》われ、自身《じしん》が拠《よ》って立《た》つ環境《かんきょう》——他者《たしゃ》、地域《ちいき》、社会などをないがしろにしてしまうエゴイズムを許《ゆる》すことになってしまった。

さきほど、蓮華君が言っていた「恩に違和感がある」というのも、現代社会では自分を満足させることだけが人生の目的となってしまい、他の人のことを思いやるということが薄《うす》れてしまっているからなんだよ。

蓮華君　確《たし》かにそうですね。人々は、〝自分が幸福になりたい〟とあくせくするばかりで、励《はげ》まし合うことを忘《わす》れ、孤独《こどく》になり、「生きる力」を衰弱《すいじゃく》させていきます。

博士　しかし、そこで自分に〝なされた〟ことを〝知る〟——「恩」に目覚《めざ》めていくならば、エゴイズムを克服《こくふく》して人のために行動するなかで、真の「生きる力」を得《え》ていくことができる。そのことを仏法の「恩」という思想は教えているんだよ。

蓮華君　「恩《おん》」というのは、何か見返《みかえ》りを求《もと》めたりするような次元《じげん》の問題ではなく、人間の幸《こう》・不幸《ふこう》にかかわってくる重大な問題なのですね。

ところで、この「恩」と主師親《しゅししん》の三徳とは、どのように関係しているのですか。

博士　まあ、あせらないで。その前に少し学ぶべきことがある。

仏教では、私たちはあらゆる存在《そんざい》から「恩」を受けていると教えている。心地観経《しんちかんきょう》では代表的な四つの恩を挙《あ》げている。一切衆生《いっさいしゅじょう》の恩、父母の恩、国王の恩、三宝《さんぼう》の恩の「四恩」だ。

国王の恩とは、今で言えば、社会という存在によって守られている恩ということかな。

大聖人は「開目抄」で、「仏弟子《ぶつでし》は必ず四恩を知って、報恩《ほうおん》をしていかなければばならない」(ポイント⑥)と言われている。
その一方で大聖人は、「報恩抄《ほうおんしょう》」では「一切衆生の恩」の代《か》わりに「師匠《ししょう》の恩」を四恩の一つに挙《あ》げられ、「父母の恩・師匠の恩・三宝の恩・国恩」と言われている。

蓮華君 でも、一切衆生の恩を、どうして省かれたのでしょうか。

博士 「一切衆生の恩」は、「父母の恩」に含《ふく》めることができるからなんだ。

最も大切な「師匠の恩」

蓮華君 そうすると、どうして大聖人は、四恩のなかに「師匠の恩」を入れられたのでしょうか。

博士 「報恩抄」という御書は、大聖人が得度《とくど》された時の師匠だった道善房《どうぜんぼう》が亡《な》くなり、その報恩のために書かれたものだからだ。

蓮華君　大聖人に師匠はいたのですか。

博士　大聖人はお一人で正法《しょうほう》を悟《さと》られた。道善房という人は、内心では大聖人が正しいと感じながらも、保身《ほしん》のために念仏《ねんぶつ》を捨《す》てることができなかった。

しかし、大聖人はそのような道善房に対しても、自分が出家した時の師匠として大事にされ、深い報恩の誠《まこと》を尽《つ》くされている。

それは、あらゆる恩のなかで、師匠の恩が最も根本《こんぽん》だからだ。

大聖人は言われている。「父母の恩を知ることができたのも、師の恩があったればこそである」（ポイント⑦）と。

自分が今、万物《ばんぶつ》から「なされたことを知る」道を知り、その恩に報《むく》いていく道を歩《あゆ》むことができるのも、真の人間としての生き方を教えてくれた師匠がいたからなんだ。

蓮華君　親や社会環境などさまざまな恩がありますが、そのなかで、「恩が大切である」と教えてくれるのは師匠しかいないのですね。恩の面から見れば、三徳のなかで師の恩こそが最も大切なのですね。

博士　一般的《いっぱんてき》な恩返《おんがえ》しとは、お世話《せわ》になった人に金や物で返すが、仏法で説く報恩とは、妙法を弘《ひろ》め、人々を救っていくことだ。大聖人は「報恩抄」をこう締《し》めくくられている。「私が弘《ひろ》めた仏法が、日本中、世界中に弘まり、人々が妙法を唱《とな》えていった時、その功徳《くどく》は師匠である道善房に集まっていく」（３２９ページ、趣意）と。

蓮華君　自分が功徳を受けるために妙法を弘めていく。それは信仰する大切な動《どう》機《き》ですが、より「生きる力」「信仰の力」を出していくためには、一切衆生の恩に応《こた》えていこう、人間としての生きる道を教えてくれた師匠の恩に報いていこうとする、わきあがる心からの思いが必要なのですね。

ポイント御書

①「夫《そ》れ一切衆生《いっさいしゅじょう》の尊敬《そんけい》すべき者三あり所謂主師親《いわゆるしゅしん》これなり、又習学《またしゅうがく》すべき物三あり、所謂儒外内《じゅげない》これなり」（１８６㌻）

②「父母《ふぼ》なれども賤《いやし》き父母は主君《しゅくん》の義をかねず、主君なれども父母ならざればお《畏》そろしき辺もあり、父母・主君なれども師匠《ししょう》なる事はなし・諸仏《しょぶつ》は又世尊《またせそん》にてましませば主君にては・ましませども・娑婆《しゃば》世界に出でさせ給《たま》はざれば師匠にあらず」（１３５０㌻）

③「日蓮は日本国の諸人にし《主》う《師》し《親》父母なり」（２３７㌻）

④「されば日蓮が法華経の智解《ちげ》は天台《てんだい》・伝教《でんぎょう》には千万が一分も及《およ》ぶ事なけれども

難を忍《しの》び慈悲《じひ》のすぐれたる事は・をそれをも・いだきぬべし」（202ジペー）

⑤「凡夫《ぼんぷ》は体《たい》の三身《さんじん》にして本仏《ほんぶつ》ぞかし、仏は用《ゆう》の三身にして迹仏《しゃくぶつ》なり、然《しか》れば釈《しゃ》迦仏《かぶつ》は我《わ》れ等《ら》衆生《しゅじょう》のためには主師《しゅし》親《しん》の三徳を備《そな》へ給《たま》うと思ひしに、さにては候《そうら》はず返《かえ》つて仏に三徳をかふらせ奉《たてまつ》るは凡夫なり」（1358ジペー）

⑥「仏弟子《ぶつでし》は必ず四恩《しおん》をしつて知恩報恩《ちおんほうおん》をいたすべし」（192ジペー）

⑦「父母を知るも師の恩なり黒白《こくびゃく》を弁《わきま》うも釈尊《しゃくそん》の恩なり」（1327ジペー）

煩悩即菩提《ぼんのうそくぼだい》と生死即涅槃《しょうじそくねはん》

悩《なや》みがないことが幸せではない
悩みを転じて幸福の糧《かて》とすることだ

苦悩の克服を目指した仏法

大白博士　ここでは、仏法の生命観の一つである「煩悩即菩提《ぼんのうそくぼだい》」について考《かんが》えてみることにしよう。

蓮華君　「煩悩」とは、人間を「煩《わずら》わし」「悩《なや》ます」ことですよね。

博士　豊《ゆた》かな生活環境《せいかつかんきょう》をつくって、悩《なや》みや煩《わずら》わしさを避《さ》けたりなくしたりしようとするほど、逆《ぎゃく》に悩みはどんどん深《ふか》くなっているようだね。

蓮華君　それでは、仏法では、どのように悩みに向《む》かうべきだと教《おし》えているのですか。

博士　仏法の流《なが》れに沿《そ》って考えてみよう。

「生老病死《しょうろうびょうし》」の苦《くる》しみから解放《かいほう》されることを目指《めざ》して釈尊《しゃくそん》が出家《しゅっけ》したという「四門遊観《しもんゆうかん》」のエピソードが示《しめ》すように、仏法は人間の苦しみの克服《こくふく》に徹底《てってい》して取《と》り組《く》んだ。
小乗教《しょうじょうきょう》では、苦しみの原因《げんいん》は人間のさまざまな煩悩にあると考えた。食欲《しょくよく》、睡眠欲《すいみんよく》といった本能的《ほんのうてき》なものから、エゴイズムといった自身《じしん》への執着《しゅうちゃく》にいたるさまざまな煩悩《ぼんのう》を、一つ一つ取《と》り除《のぞ》いていけば、「菩提《ぼだい》」という悟《さと》りの境地《きょうち》にいたることができると説《と》いたんだ。まるで、病気を治すために体のなかの細菌《さいきん》を殺すように。

蓮華君　結局《けっきょく》、小乗教《しょうじょうきょう》がたどり着《つ》いたのは、「身《み》を灰《はい》にして、心を滅《めっ》する」という〝灰身滅智《けしんめっち》〟だったわけですね。悩《なや》みをなくすためには、死を選《えら》ぶ以外ないという矛盾《むじゅん》を引《ひ》き起《お》こしてしまったのですね。

博士　日蓮大聖人は「煩悩の薪《たきぎ》を焼《や》くことによって、菩提（悟り）の智慧の火が現《あらわ》れてくる」（ポイント①）と説かれている。悩みは悟りを生むもとになるということだ。煩悩を菩提（悟り）へと転じていくことを、天台《てんだい》は「煩悩即菩提」と説いたんだよ。

蓮華君　なるほど。煩悩即菩提の「即」とは、決して単なる「イコール」という意味ではなくて、煩悩は菩提へと転じていけるということなのですね。

博士　ところが、日本の大乗仏教は、この「即」を誤《あやま》ってとらえてしまい、腐敗《ふはい》堕落《だらく》していった。まず、この「即」から考えてみることにしよう。

生命のダイナミズムを生き生きと把握

蓮華君　「この仕事までですか。即、仕上《しあ》げてくれませんか!」とか「『良き教育者』即『良き親』とは限らない」などと、私たちの一般的な言葉遣《ことばづか》いでは、「即」というと、「すぐに」とか「そのまま」という意味で使うことが多いようですね。

でも、本当の仏教用語の「即」とは〝互《たが》いに矛盾《むじゅん》する性質が一個の当体《とうたい》にすべて具《そな》わること〟という意味あいです。一般的な「即」の使い方からするとかなり違っていますし、そもそも〝分かりにくい表現〟ですね（笑い）。

博士　それはだね、人間が物事を理解する時のクセのようなものが原因なんだよ。

例えば、人間生命の全体像を理解しようとすると、まず「肉体」と「精神」という二つの構成要素《こうせいようそ》を見《み》いだすだろう。社会を理解しようとすると、そこに住む「人間」と、それを囲《かこ》む「環境《かんきょう》」というものを見つける。このように、人間というものは、物事を〝分けて〟考えようとする傾向をもっており、〝一体《いったい》〟となったものとして考えるのが苦手《にがて》なんだ。

蓮華君　だから、「理解すること」を「分かる」というように言うんですね。

博士　確かに、物事を〝分ける〟と、頭では理解しやすい。ところが、物事は〝分けた〟とたんに、その物事がもっている本当の姿や生命のダイナミズムは消えてしまう。あい対立しているように見えるものでも、実は互いに関係し合っていて、一つの生命にともに具《そな》わっているんだ。

仏法は、事物《じぶつ》を見るときに、二つの対立する要素を認《みと》めつつも、本来、分けることのできない二つの要素を一体のものととらえ、生命のダイナミズムを生き生きと把握《はあく》しようとした。それを、「即」とか「不二《ふに》」といった言葉で表現したんだよ。

悩みがあるから成長がある

蓮華君　そういう仏法の「即」という視点から見れば、煩悩即菩提《ぼんのうそくぼだい》というものは、どのようにとらえられるんでしょうか。

博士　煩悩は迷《まよ》いや悩《なや》みで、菩提は悟《さと》りということだが、この二つは表面的にはまったく正反対のものと、とらえられているが、実は別々に存在するものではないということだ。

悩みをすべてなくせば、それで幸せだというわけにはいかない。

蓮華君も考えてごらん。死ぬことも、病気になることもない。自分が欲しいものは何でも手に入る、何でも思う通りになるとしたら、これほどつまらない人生はないと思うよ。

蓮華君　そうですね。いったい自分は何をすればいいのか、といった新たな〝悩み〟が出てくるでしょうね（笑い）。

博士　悩みがあるから、それを克服《こくふく》しようとする力が出てくる。悩みがあるから、人間として成長できる。

蓮華君　なるほど。仏法が説く煩悩即菩提という考え方は、悩みや苦しみを悟りへと転換《てんかん》させていく法理《ほうり》といえますね。

でも、仏法の「即」という考え方を誤《あやま》ってとらえてしまうと、危険な面もありますね。

煩悩即菩提の「即」も、単なる「イコール」としてとらえてしまうと、「悩み」＝「幸《しあわ》せ」になってしまいます。それでは、悩みや苦しみをもっていても、それを解決《かいけつ》する必要はないということになります。苦しみにあえいでいても、「それが人生なんだ」「これで幸せなんだ」「このまま何もしないでいいんだ」と、現実を無条件に肯定《こうてい》してしまうことになりますね。

博士　そうなんだよ。日本の仏教にも、この「即」を誤ってとらえてしまい、腐《ふ》敗堕落《はいだらく》した宗派がある。〝何もしない〟あるがままの自分が、〝そのまま仏なんだ〟と考えて、仏道修行の必要もないとしてしまった。

蓮華君　それは、日顕宗ですね。〝相承《そうじょう》を受けたら仏なんだ〟〝僧侶《そうりょ》は修行《しゅぎょう》をしなくても信徒より偉《えら》いんだ〟と、自分たちの悪逆《あくぎゃく》の行為《こうい》を正当化《せいとうか》していきました。

悩みを幸福へと転換する力

博士　日蓮大聖人は、そうした誤った煩悩即菩提《ぼんのうそくぼだい》のとらえ方を厳《きび》しく破折《はしゃく》し、真のあるべき姿を示された。それが「即の一字は南無妙法蓮華経なり」（ポイント②）との仰《おお》せだよ。

「煩悩の薪《たきぎ》を焼《や》くことによって、菩提（悟り）の智慧《ちえ》の火が現《あらわ》れてくる」と話したが、煩悩を菩提へと転換していくためにはどうすればいいかという問題が出てくる。

蓮華君　そうですね。いくら〝悩みは幸福へと転換することができる〟と教えられていても、どうしたら、それができるのか、ということが示されなければ抽《ちゅう》象論《しょうろん》で終《お》わってしまいます。

博士　大聖人は、悩みを菩提へと転換させていく力が南無妙法蓮華経であると教えられた。

つまり、悩みを正面から受けとめ、真剣に唱題に励《はげ》むところに境涯《きょうがい》が開けていくということを示されたんだ。

蓮華君　なるほど。妙法を実践するなかにしか本当の煩悩即菩提はないということなのですね。

でも、結局、煩悩はなくすことはできないんでしょう。信仰をしていても、常に悩《なや》みに追われ続けていくということなのですかね。

博士　ハハ。蓮華君は相変わらず心配性《しんぱいしょう》だね。

仏界の境涯《きょうがい》だからといって、九界の生命がなくなるわけではない。悩みや苦しみはある。しかし、仏界を生命の基調《きちょう》とする苦《くる》しみと、地獄界を生命の基調とする苦しみとでは全然違《ぜんぜんちが》う。

どんな苦難があっても必ず乗り越えてみせるという悠然《ゆうぜん》とした境涯で安心して悩みに向かっていくのと、この苦しみは永遠に続くのか、もうこの苦難から逃《のが》れられないのではないか、という悶々《もんもん》たる気持《きも》ちでかかえる苦しみとでは、天と地ほどの違《ちが》いがある。

煩悩即菩提も同じだよ。悩み（煩悩）は決してなくなりはしないが、どんな悩みがあっても、必ず妙法によって乗り越えて幸福（菩提）へと転換することができる、という確信に立って生きることを教えているんだ。

蓮華君　「信心をしているのに、こんな悩みがあるのは恥《は》ずかしい」と考えるのは、煩悩即菩提の在《あ》り方《かた》ではないですね。

博士　「私はもう悟《さと》ったから、悩みは一切《いっさい》ない」などというのは、全《まった》くのニセモノだよ。

「親がまだ信心していない」「子どもに問題がある」……信仰の途中《とちゅう》には、いろんな問題があって当たり前です。だから、信心に頑張《がんば》れるんだ。

境涯が広がれば、人々を救《すく》おうとすればするほど、悩みもまた深まってくる。

大聖人は「一切衆生《しゅじょう》のそれぞれ異《こと》なった苦しみを受けるのは、ことごとく日蓮一人の苦しみである」（ポイント③）とまで仰《おお》せになっている。

蓮華君　現代社会は、悩みから逃《に》げて快適《かいてき》さを追い求めようとする傾向がありますが、本当の生き方とは、悩みを正面から引き受けて、自らを変えていこうとするところにあるのですね。

「生・老・病・死」の苦からの解放を求めて

博士　ところで蓮華君。最近、入院していたそうじゃないか。でも、元気そうで何よりだね。

蓮華君　はあ。それがひどい話だったんですよ。日ごろから健康だけが自慢《じまん》の僕が、定期《ていき》健診《けんしん》を受けたら、「レントゲン写真を見ると重病《じゅうびょう》の疑《うたが》いがある」と言われたんですよ。〝もう残り少ない命か〟と思い、かなり落《お》ち込《こ》んでしまって、体調を崩《くず》して入院していたんです。

でも、そのレントゲン写真は、別の患者《かんじゃ》さんと取《と》り違《ちが》えていたことが分かりました。ただこちらの思い込みで具合《ぐあい》が悪くなっただけなんです。

信心しているのに、こんなことで紛動《ふんどう》されて、入院までしてしまうとは、恥《は》ずかしい限《かぎ》りです。でも、正直、ホッとしたことも事実です（笑い）。

博士　そりゃ、災難《さいなん》だったね。

　でも、蓮華君にとって、ここで「生死即涅槃《しょうじそくねはん》」を取り上げるにあたって、いい勉強になったんじゃないかな。若くて健康な蓮華君にとって、「生死《しょうじ》」の問題といっても、あまりピンとこないだろうからね。

蓮華君　その通りですね。自分としては、教学を研鑽《けんさん》するなかで、「生死」の問題を考えてきたつもりでしたが、頭でっかちでしたね。

博士　「生死即涅槃」だが、言葉の意味を確認しよう。

　ここでいう「生死」とは、「生きている」「死んでいる」という生命の二つの側《そく》面《めん》を指《さ》すだけのものではない。

　以前、人間はこの世を生きていくなかで絶対《ぜったい》に避《さ》けることのできない「生《しょう》・老《ろう》・病《びょう》・死《し》」という苦しみがあると学んだね。

　生きていると必ず「苦しみ」がある。そして、人間は必ず死ぬ。しかし、死んでも、また生まれてくるから「苦しみ」がある。つまり、ここでいう「生死」とは、〝生き〟〝死に〟を繰《く》り返《かえ》す流《る》転《てん》のなかで生《しょう》じる「苦しみ」や「迷い」を指しているんだよ。

蓮華君　すると、人間は、ハムスターが回《まわ》し車《ぐるま》の上で走り続けるように、永遠に「生死」の苦しみを繰り返すということですか。何かむなしいものがありますね。

博士　仏教は、その永遠の苦しみから抜け出そうと模《も》索《さく》しているなかで生まれた教えともいえる。さまざまな仏道修行をするなかで、生死の苦しみから解《かい》放《ほう》された理《り》想《そう》の境《きょう》涯《がい》が得《え》られると説《と》いた。その理想の境涯が「涅《ね》槃《はん》」(ニルバーナ)だった。

蓮華君　でも、世間では「涅槃」というと、〝死んでしまう〟ことを指すことが多いですよね。

博士　それは、次のような流れのなかで生じた考えだよ。
　釈《しゃく》尊《そん》が涅槃の境涯を得たことは誰《だれ》も疑《うたが》わなかった。ところが、釈尊が亡くなると、生きている釈尊は精神的には苦しみから解放されていたが、病や死といった肉体的《にくたいてき》な苦しみから解放されてはいなかった、と考える人が出てきた。そして、完全な涅槃を得るためには、死によって、生も死も超えた理想の境涯に至《いた》ることだと説くようになったんだよ。

蓮華君　これは、煩悩《ぼんのう》を完全になくすためには死ぬしかない、とした小乗教《しょうじょうきょう》の灰身滅智《けしんめっち》の思想にも通じる考えですね。

博士　そうだね。実は、「生死」と「煩悩」は深い関係にあるんだよ。

「生死」の苦しみは「煩悩」によって生じるものと考えられる。いわば、原因と結果のような関係性にある。一方、「涅槃」というのは、「菩提《ぼだい》（悟《さと》り）」によって得《え》られる境涯《きょうがい》という関係にある。

蓮華君　すると、本当の涅槃の境涯を得るためには、菩提、つまり、真の悟りを開く必要があることになりますね。

博士　その通りだ。死を選ぶことで涅槃を得ようとした誤った考えを打ち破ったのが真の大乗《だいじょう》仏教だ。大乗教は、かつて釈尊が目指《めざ》したように、この現実の世界で涅槃の境涯を確立していくべきだと考えたんだよ。

そこで、この現実世界で生きているうちに生死の苦しみを克服《こくふく》する悟りとは何なのかという問題になる。法華経の寿量品《じゅりょうほん》では、「仏はありのままにこの世界を見ている。生と死といっても、この世界から退《しりぞ》いてどこかへ行っていなくなったり、この世界に出現《しゅつげん》したりすることはない」（ポイント④）と説かれている。

人間は、表面的な「生と死」にとらわれるから煩悩に迷《まよ》わされ、苦しみの境涯に陥《おちい》ってしまう。そこで、法華経に説かれているように、〝この世界には「生」もなければ「死」もない〟と悟ることによって涅槃の境涯を得ようとしたんだよ。

「永遠の生命」を説いた法華経

蓮華君　でも、やっぱり現実には、「生」もあれば、「死」もありますよね。どうすればいいんですか。

博士　生と死といっても、それは生命が本来具《ほんらいそな》えている姿《すがた》にほかならない。生命は、ある時は「生」として現《あらわ》れ、ある時は「死」の状態となっている。生命は常に現実の世界とともにある。死んだからといって、異次元《いじげん》の世界に行ってしまうなどということではない。

生命は永遠常住《えいえんじょうじゅう》の存在《そんざい》だ。法華経は、「永遠の生命」に目を向けさせることで、生死の苦しみを乗り越えていくことを教えたんだよ。

蓮華君　そう考えると、確かに死をいたずらに恐《おそ》れることはありませんね。

博士　ところが、大乗の教えは「永遠の生命」の方に目を向けさせようとするあまり、「生死」を離れようとする傾向性《けいこうせい》をまだ残《のこ》していたともいえる。そこで、大聖人は、「生死」から離《はな》れてはいけないと、次のように述べられている。

「生死を見て、嫌《きら》い離れるのは、『迷《まよ》い』である。生死とは本来もともとあるものだと見ることが『悟《さと》り』である。今、大聖人の門下《もんか》として南無妙法蓮華経と唱《とな》え奉《たてまつ》る時に、生死とはもともとあるものだと悟り、生命の出現《しゅつげん》も退去《たいきょ》も、生命に本来具《ほんらいそな》わる姿《すがた》であると悟ることができるのである」（ポイント⑤）と。

蓮華君　大聖人は多くの御書で、妙法を受持《じゅじ》し抜《ぬ》いた人は、歓喜《かんき》のなかで臨終《りんじゅう》を迎《むか》えることができると、繰《く》り返《かえ》し強調されていますね。

博士　信心をしているからといって、死《し》や老《お》いや病《やまい》がなくなるわけでない。さまざまな生《しょう》・老《ろう》・病《びょう》・死《し》を幸福《こうふく》の糧《かて》として生きていくことができるようになるということなんだ。

池田名誉会長がかつてハーバード大学での記念講演（一九九三年九月）で述べられたように「生も歓喜、死も歓喜」ととらえることが大事なんだよ。

生命には本来、生も死もともに具わっている。人間は死がなければ、生きる目標を見失い、それこそ〝生ける屍《しかばね》〟となってしまうことだろう。

死という人生の総決算《そうけっさん》ともいうべき大きな節目《ふしめ》があるからこそ、人は限《かぎ》りある一生を価値あるものにしようと励《はげ》むことができる。

蓮華君　しかし、このように生死をありのままにとらえて安心の境涯、つまり仏《ぶっ》界《かい》の境涯を得るためには、根本の法である南無妙法蓮華経を唱え、広宣流布に励《はげ》むことが欠《か》かせないわけですね。

博士　生死即涅槃は、十界互具《じっかいごぐ》の面からもとらえることもできる。仏界の境涯だからといって、九界の生命がなくなるわけではない。それと同じように、涅槃の境涯であるからといって、生死の苦しみがなくなるわけではない。しかし、広布に励むなかで築いた安心の境涯が、自らの生命の基底部《きていぶ》となって、老いや病や死を迎えても、見事な人生勝利の因としていくことができるんだよ。

ポイント御書

①「煩悩《ぼんのう》の薪《たきぎ》を焼《や》いて菩提《ぼだい》の慧火《えか》現前《げんぜん》するなり」（710㌻）

②「即《そく》の一字は南無妙法蓮華経なり」（732㌻）

③「一切衆生《いっさいしゅじょう》の異《い》の苦を受《う》くるは悉《ことごと》く是《こ》れ日蓮一人の苦なるべし」（758㌻）

④「如来《にょらい》は如実《にょじつ》に三界《さんがい》の相《そう》を知見《ちけん》するに、生死《しょうじ》の若《も》しは退《たい》、若しは出《しゅつ》有《あ》ること無《な》く」（『妙法蓮華経並開結』〈創価学会版〉481㌻）

⑤「生死《しょうじ》を見て厭離《えんり》するを迷《まよい》と云《い》い始覚《しかく》と云うなりさて本有《ほんぬ》の生死と知見《ちけん》するを悟《さとり》と云い本覚《ほんがく》と云うなり、今日蓮等の類《たぐ》い南無妙法蓮華経と唱え奉《たてまつ》る時本有の

生死本有の退出《たいしゅつ》と開覚《かいかく》するなり」（754ページ）

因《いん》果《が》倶《ぐ》時《じ》

最後に勝つに決まっている！
自分は、すでに世界で一番幸福な人間なんだ

〝アキラメ病〟の人を励ますために

蓮華君　私の部員さんでこんな人がいます。「唱題すれば良くなるのは分かっている。活動に頑張《がんば》れば成長できることも分かっている。でも、自分は何をやってもダメなんです。ダメ人間なんです。〝やる気〟が起きないんです」と言っているんですよ。

病気や経済苦《けいざいく》といった、何か具体的《ぐたいてき》な悩《なや》みがあるわけでもない。でも、自分の可能性に絶望《ぜつぼう》してしまっているんです。こういう人をどう激励すればいいんですか。

大白博士　思想家・キルケゴールは「肉体的な死は究極的《きゅうきょくてき》な死を意味しない。『死に至《いた》る病《やまい》』とは絶望のことだ」と言っている。「どうせダメだろう」「しかたがない」とあきらめてしまうことほど、人間にとってやっかいで恐《おそ》ろしい病気はないということだ。
そうした〝アキラメ病〟にかかっている人に、ぜひ今回取り上げる「因果俱《いんがぐ》時《じ》」について学んでほしい。そうでない人も〝アキラメ病〟の人を励《はげ》ますために学んでほしいが（笑い）。

蓮華君　〝因果俱時〟と〝絶望〟？　どういう関係があるんですか。

博士　それを話す前に、因果俱時について確認していこう。

蓮華君　えーと、記憶《きおく》を整理しますね。
「因果」というのは、一般的《いっぱんてき》には原因と結果のことですよね。でも、仏教で説《と》く「因果」とは、生命における原因と結果ですね。善《よ》い行《おこな》いをすると、よい結果となって報《むく》われる。悪い行いをすると、悪い結果となる報いを受けるというものです。
仏教は、この生命の因果の深い関係を〝因果律《いんがりつ》〟として重《おも》んじた。それに対して、仏教以外の宗教は、神や霊魂《れいこん》など自分とは別なものが人間の幸《こう》・不幸《ふこう》を決める、といったように、因果関係を軽《かろ》んじているということですね。

博士　そうだね。特に、この場合の「因果」とは、仏道修行《ぶつどうしゅぎょう》（因）と修行の成果《せいか》（果）のことだ。十界論《じっかいろん》でいうと、仏道修行をする九界の生命が「因」で、成仏を遂《と》げた仏界《ぶっかい》の生命が「果」ということになる。

蓮華君　すると「因果倶時」というのは仏道修行とその結果が「同時に存在している」ということになりますね。

博士　順番に考えていこう。まず、爾前権教《にぜんごんきょう》では歴劫修行《りゃっこうしゅぎょう》が説かれている。凡《ぼん》夫《ぷ》は何度も何度も生まれてきては菩《ぼ》薩《さつ》の修行を重ねて、自身の境涯《きょうがい》を少しずつ高めていく。そして、最後に成仏するというものだ。

このように、仏道修行と成仏の結果が「時」を離《はな》れて別々になっていることを「因果異時《いんがいじ》」というんだ。

釈尊はもともと仏だった

蓮華君　どんなに苦労《くろう》しても、どうせこの生きている間には成仏できないなんて、それこそ絶望して〝アキラメ病〟になっちゃいますね。

博士　これに対して、法華経では、すべての人々の生命は、十界すべての生命境涯を具《そな》えており、今の自分のままで、成仏の境涯を顕《あらわ》していくことができると説いているんだ。

仏道修行をする九界の「因」も、仏界の「果」も、同時に具《そな》えている。だから、「因果倶時《いんがぐじ》」というんだよ。

法華経の教えを見ていこう。

法華経迹門《しゃくもん》では、二乗界《にじょうかい》の成仏が許《ゆる》される。このことによって、すべての衆《しゅ》生《じょう》に十界が具わっていることが明かされる。でも、法華経迹門の段階では、釈《しゃく》っている。

尊《そん》は何回も生まれ変わって修行を重ねてから、この世で初めて成仏したことにな

蓮華君　すると、人々にとっては、いくら「あなたは仏界《ぶっかい》を具《そな》えています」と言われても、「あの釈尊でさえ、途方《とほう》もない長い間、修行《しゅぎょう》をして初めて仏になったじゃないか。わしらには無理さ」ということになってしまいます。これでは、因果倶時も絵に描《か》いた餅《もち》になってしまいますね。

博士　それに対して、法華経本門寿量品《ほんもんじゅりょうほん》では、釈尊は久遠《くおん》という昔から仏だったことが初めて明《あ》かされる。実は釈尊はもともと仏だった。でも人々を救《すく》うために、あえて菩薩《ぼさつ》や凡夫の姿を演じて人々を救ってきたというのだ。

法華経迹門は、九界の衆生が修行を経《へ》て仏界となる「因果」を説いた。それに対して、法華経本門は、もともと仏界の衆生が人々を救う九界の修行をすることを説いているんだ。

つまり、因果倶時とは、〝修行から成仏へ〟という「九界↓仏界」のプロセス

だけではなく、〝成仏から現実世界の行動へ〟という「仏界→九界」というプロセスを示してもいるんだよ。

蓮華君　なるほど。人々を救っている凡夫の実践そのものが、実は仏の振《ふ》る舞《ま》いそのものでもあった、ということですね。

私たちは、どうしても具体的《ぐたいてき》な結果が出ないと、自分の力に自信を失ったり、今の実践が正しいかどうか疑問に思ってしまう。でも、人々を救おうとする仏法の実践そのものが、すでに人生勝利の姿《すがた》なんだ、ということなのですね。この仏法の実践者に〝ダメ人間〟なんていないんですね。

博士　だからといって、〝実践そのものがすでに結果そのものなんだ〟と、形式的に適当《てきとう》にやっていいわけではないよ（笑い）。それぞれ目標をもって、互いに励《はげ》まし合わないと堕落《だらく》してしまい、実践そのものが意味をなくしてしまうからね。

「どうせ」「無理だ」という言葉を捨てよう

蓮華君　博士には、いつも魂胆《こんたん》を簡単《かんたん》に見抜《みぬ》かれてしまいますね（笑い）。

ところで、一つ疑問《ぎもん》があります。「釈尊は遥《はる》か昔から仏だった」「釈尊はもともと仏だった」と言いますが、それじゃ、久遠の時に釈尊はどのようにして仏になったんでしょうか。

仏法は因果《いんが》を説《と》くんでしょう。原因がないとおかしいですよね。

博士　これが一番難《むずか》しい問題だ。いくら法華経の経文だけを読んでも、答えは書いていない。

結論から言うと、日蓮大聖人は、釈尊をはじめとするあらゆる仏が仏と成《な》れた根本の原因は、南無妙法蓮華経だと悟《さと》られたんだ。大聖人は「因果倶時《いんがぐじ》の不思議な一法がある。仏は、この根源の法を『妙法蓮華』と名《な》づけたのだ」（ポイント）

と言われた。
この原因と結果を同時に具えた不思議《ふしぎ》な根源《こんげん》の一法《いっぽう》の性質《せいしつ》は、ある植物《しょくぶつ》に譬《たと》えて表現《ひょうげん》される。さて何でしょう。

蓮華君　それは、僕自身の名前でもあるからすぐに分かります。「蓮華」ですよね。
普通、植物は花が咲《さ》いた後《あと》に果実《かじつ》が実《みの》ります。ところが、蓮《はす》の場合は、花の中にすでに果実があります。この蓮の花が「因」で、果実が「果」に当たるわけですね。

博士　さすが、自分の名前のことだけあって、すぐに答えられたね。
つまり、因果倶時の一法とは、無始無終《むしむしゅう》の根源の法である「妙法蓮華経」を指《さ》しているんだよ。この「妙法蓮華経」には、仏道修行で積んだすべての成仏の因も、成仏した功徳の結果も、ともに含《ふく》まれている。だから、私たちが南無妙法蓮華経と唱《とな》える一念《いちねん》の生命に仏界《ぶっかい》が顕《あらわ》れてくるんだよ。

蓮華君　なるほど。〝よし！　やろう〟と決めた時に、すでに勝利の因も果も込《こ》められているのですね。

博士　池田名誉会長は「楽観的《らっかんてき》生き方のすすめ」（『幸福抄』主婦と生活社）というエッセーでこう結《むす》ばれている。

「『どうせ』という言葉を捨《す》てよう。『無理《むり》だ』という言葉も捨てよう」「どんな状況《じょうきょう》にあろうとも、こう自分に言い聞かせて生きていくべきだ。『自分は、最後に勝つに決まっている！』……『自分はすでに、世界でいちばん幸福《こうふく》な人間なんだ！』と」

ポイント御書

「聖人理《しょうにんり》を観《かん》じて万物《ばんぶつ》に名を付《つ》くる時・因果倶時《いんがぐじ》・不思議《ふしぎ》の一法之《こ》れ有《あ》り之《これ》を名《なづ》けて妙法蓮華と為《な》す此《こ》の妙法蓮華の一法に十界《じっかい》三千の諸法《しょほう》を具足《ぐそく》して闕減無《けつげんな》し之を修行する者は仏因《ぶついん》・仏果《ぶっか》・同時に之を得るなり」（513ジペー）

依正不二《えしょうふに》

あなたが変われば、周りも変わる
この原理を現実にするのが妙法だ

人間関係の悩みにどう向き合うか

蓮華君　一人ひとりと対話を重ねて、気づいたことがあります。経済問題、病気、人間関係……、みんな、さまざまな悩《なや》みを抱《かか》えています。そのなかでも、人間関係の悩みが圧倒的《あっとうてき》に多いように感じるのですが。

大白博士　確かに、生きていくうえで老《お》いや病気は避《さ》けられないし、貧《まず》しさも当事者《とうじしゃ》にとっては深刻《しんこく》な問題ではある。けれども、関係のない人にとってはあまり関心がない。それに対して、人間関係の悩みは、どんな人でも大なり小なりもっているものだ。

夫婦《ふうふ》、親子《おやこ》、嫁姑《よめしゅうとめ》の仲《なか》がしっくりいかない。職場《しょくば》の上司《じょうし》や同僚《どうりょう》と衝突《しょうとつ》してしまう。学校でイジメにあう。地域で苦手《にがて》な人がいる。それぞれ何らかの人間関係の悩みにかかわっている。

「いや、今の自分は人間関係で全《まった》く悩んでなんかいない」と言い切れる人は、周《まわ》りと人間関係を断絶《だんぜつ》したり、薄《うす》っぺらい表面的な付き合いしかしていないかもしれない。

蓮華君　それどころか、私たちのように、対話の輪を地域や社会で大きく広げると、苦手《にがて》な人とも付き合っていくこともありますよね。

博士　そこで「依正不二《えしょうふに》」を取り上げ、人間関係の悩みにどう向かっていくべきかを学んでいきたいと考えています。

蓮華君　でも、「依正不二」って〝自然環境を改善《かいぜん》していきましょう〟という話じゃありませんでしたっけ。

博士　それは依正不二の一面にすぎないよ。さっそく、依正不二の基本から確認していこう。

蓮華君　えーと。「依正不二」というのは、確か「依報《えほう》と正報《しょうほう》が一体不二《いったいふに》」だということですね。

博士　「報」というのは、因縁果報《いんねんかほう》の報、すなわち「報《むく》い」という意味だ。仏法では、この世のものはみんな、「報い」を受けていると考える。そして、すべてのものが受ける報いについて、二つに分けることができる。

一つは、自《みずか》らの行《おこな》いから「報い」を「正《まさ》」しく受ける「正報《しょうほう》」だ。善《よ》い行いをすると、その本人がよい報いを受けるというものだ。だから、「正報」とは、衆《しゅ》生《じょう》、つまり人間の生命のことを指す。

もう一つは、この「正報」が報いを受ける「依《よ》り所《どころ》」となる「依報《えほう》」だ。例えば、善い行いをした人は、その行為《こうい》の報いとして、比較的《ひかくてき》に恵《めぐ》まれた環境《かんきょう》に住《じゅう》することができる。だから、その人にとっての環境や国土《こくど》が「依報」に当《あ》たる。

変革の主体者は人間生命

蓮華君　つまり、依正不二というのは、人間と環境は、深い次元では一体であり、別々に切《き》り離《はな》せるものではないということなのですね。

私たちにとって、具体的《ぐたいてき》にはどういうことを言おうとしているのですか。

博士　まず一つの考え方がある。「一人の人間の力なんて知れたものだ。環境に逆《さか》らうことはできないんだ」という考えだ。ある意味で現実の一面を表《あらわ》してはいるが、これでは、人間は無力感《むりょくかん》に襲《おそ》われて、苦難《くなん》を切《き》り開《ひら》こうとすることができなくなる。その無力感の思想を依正不二は打ち破った。

大聖人はこう言われている。「依報は影《かげ》のようなもので、正報は体《たい》のようなものだ。体がなければ影はできない。それと同じように、正報がなければ依報はない」（ポイント①）と。

人間が「本体」で、その人間の依報である環境は「影」ということだ。体を曲《ま》げれば、影も曲がるように、人間生命の境涯《きょうがい》を変えることによって、周りの環境も変えていくことができる、という考えだ。

つまり、依正不二とは、どんな逆境《ぎゃっきょう》であろうと、人間の力によって乗《の》り越《こ》えていくことができるという〝現実変革《げんじつへんかく》〟の思想なんだよ。

蓮華君　でも、「人間の自《みずか》らの力《ちから》によって環境《かんきょう》をいかようにも変えることができる」ということになれば、傲慢《ごうまん》になって環境を悪化《あっか》させてしまうことになりはしませんか。

博士　依正不二《えしょうふに》は、人間が環境を変える面ばかりを述べたものではない。

先ほどの御文《ごもん》の続きはこうなっている。「正報《しょうほう》は依報《えほう》によってつくられている」（同参照）と。つまり、人間生命は環境を変えていく力をもっているが、その人間生命自身が環境によって成《な》り立《た》っているということだ。

蓮華君　なるほど。依正不二には、人間から環境への影響性《えいきょうせい》と、環境から人間への影響性の両方《りょうほう》の側面が説《と》かれているのですね。現代でいえば、あくまでも人間生命が変革の主体者《しゅたいしゃ》であることを強《つよ》く訴《うった》えつつも、人間も自然の一員であることを忘《わす》れるなと教えているともいえます。

博士　この依正不二の原理を、人間関係の問題に応用してみよう。

人間が拠《よ》り所《どころ》とするのが依報であるならば、依報とは、社会環境や周《まわ》りとの人間関係も依報と見ることができる。

これを先ほどの依正不二の御文に当てはめてみよう。

「正報がなければ依報はない」という側面《そくめん》から考えれば、どのように劣悪《れつあく》な社会環境や人間関係であっても、主体《しゅたい》となる自分自身の生命の境涯を変えることによって、良《よ》い方向へと変革することができるということだ。

また、その逆《ぎゃく》に、「正報は依報によってつくられている」の面から言えば、社会や人間関係から本人への影響性も考えなければならない。

人間は自分一人で成長したわけではない。さまざまに支《ささ》えてくれている社会環境や人間関係があって、初めて今の自分があることを忘れてはならないということだ。家族、地域の方々、職場の人たち、国や、世界、さまざまな人々が、すべてつながって陰《いん》に陽《よう》に自分を支えているということだ。

環境を根本から変えゆく原理

蓮華君　今の社会でさまざまに起きている問題も、自身と周《まわ》りの社会環境や、人間関係とを、不二の関係にあるととらえられないことが深くかかわっているような気がします。

政治や地域の問題に無関心であったり、愛《あい》すべき家族に暴力《ぼうりょく》を振《ふ》るったり、学校でいじめが横行《おうこう》したり……。みんな、自分の周りの人間関係を〝我《わ》がこと〟ととらえられず、〝他人《ひと》ごと〟として無視《むし》したり、切《き》り捨《す》ててしまっているのではないでしょうか。

博士　確かにそうだね。

ここで大切なのは、環境を改善《かいぜん》していくためのポイントは策《さく》や方法でなく、自身の生命境涯《きょうがい》の変革《へんかく》だということだ。

大聖人はこうも言われている。「衆生《しゅじょう》の心が汚《けが》れれば国土《こくど》も汚れ、心が清《きよ》ければ国土も清くなる。浄土《じょうど》とか汚れた国土とかいっても、国土に違《ちが》いはない。ただそこに住む私たちの心が善《ぜん》なのか悪《あく》なのかの違いによるのである」(ポイント②)と。

客観的《きゃっかんてき》には同じ環境でも、地獄界《じごくかい》の生命の人が受《う》け止《と》める環境と、菩薩界《ぼさつかい》の人が受け止める環境とでは、受け止め方は違ってくる。

蓮華君　牧口先生や戸田先生は、牢獄《ろうごく》という地獄の環境にあっても、人々を救《すく》おうと弘教《ぐきょう》をされて、自身の境涯を菩薩界の世界へと転換されたのですね。

博士　人間はえてしして、何か悪いことがあると、安易《あんい》に社会や周りの人間関係のせいにしてしまいがちだ。周りの環境と自分は一体《いったい》だ。ならば、まずは自らの生命境涯を変革することが、周囲の世界を変革することにつながるという眼《まなこ》をもつことだ。

蓮華君　でも、よく人生相談で、「奥《おく》さん、あなたが変われば、旦那《だんな》さんも変わりますよ」などと言われますが、なかなかできないものですよね。

博士　その通りだ。すべての依報《えほう》・正報《しょうほう》は、南無妙法蓮華経という根源の一法《いっぽう》が顕《あらわ》れたものだ。だから、この根源の一法に立ち返らないで、いくら「環境と自分は一体なんだ」と言っても、絵《え》に描《か》いた餅《もち》にすぎない。

仏法はそうではない。根源の一法にのっとって自身の生命を変革することで、環境を根本から変えていくことができる。つまり、依正不二の原理を真の意味で、現実生活で生かしていくことができるんだ。

ポイント御書

①「十方《じっぽう》は依《え》報《ほう》なり・衆生《しゅじょう》は正報《しょうほう》なり譬《たと》へば依報は影《かげ》のごとし正報は体《たい》のごとし・身なくば影なし正報なくば依報なし・又《また》正報をば依報をもつて此《こ》れをつく《作》る」（1140ページ）

②「衆生の心けがるれば土《ど》もけがれ心清《きよ》ければ土も清しとて浄土《じょうど》と云《い》ひ穢土《えど》と云うも土に二の隔《へだて》なし只我等《ただわれら》が心の善悪によると見えたり」（384ページ）

色心不二《しきしんふに》

慈悲《じひ》に代わるものは勇気である

勇気は行動の第一歩だ

「心」が先か「身体」が先か

蓮華君　若《わか》い世代《せだい》からこういう相談《そうだん》をされることがあります。「『相手《あいて》のことを思いやって対話をしていきなさい』とよく言われるが、なかなかできるものではない。逆《ぎゃく》に、心のこもっていない言葉《ことば》や振《ふ》る舞《ま》いをしている自分が嫌《いや》になることがある」と。

〝自分の心に正直《しょうじき》でいたい〟という若い人の気持ちも分かりますが、どう励《はげ》ませばいいんでしょうか。

大白博士　自分の心や感情《かんじょう》を大切にする、今の若い人によくある感覚だね。

逆に、かつては、「心」よりも「身体」が重視《じゅうし》されていたような気がするよ。「健全《けんぜん》な精神は健全な肉体に宿《やど》る」とかよく言われたもんだ。理屈《りくつ》をこねずに、とにかく身体《からだ》に染《し》み込《こ》ませる。そうすれば、心の成長はあとでついてくる、とかね。

蓮華君　「心」が先か、「身体」が先か。どちらが優先《ゆうせん》されるものなんでしょうか。

博士　そうした問《と》いかけに答えるためにも、生命論のなかでも大切なテーマである「色心不二《しきしんふに》」について学ぶことにしよう。

まず基本的なことを確認していこう。

蓮華君　えーと。「色心」とは、色法《しきほう》と心法《しんぽう》のことですね。確か、色法とは肉体のことで、心法とは心、精神のことです。つまり、肉体と精神は、別々《べつべつ》のものとしてとらえられていますが、実《じつ》は互《たが》いに密接《みっせつ》にかかわっていて、生命それ自体においては一体であるということですね。でも何で肉体が「色」なんですかね。

博士　この「色」というのは「カラー」を意味する言葉ではない。目に見える「形あるもの」という意味のサンスクリット（インドの古い言語）の言葉を訳したんだよ。だから、色法とは、肉体以外にも「物質」という意味も含んだ言葉なんだよ。

蓮華君　肉体と精神との間に深いかかわりがあることは、医学の研究や日常の経験のなかでかなり知れわたってきていますよね。

例えば、寄席《よせ》を見た直後の人の免疫力《めんえきりょく》（病原菌《びょうげんきん》などに対する抵抗力《ていこうりょく》）を調べたら、その機能が高くなっていた、とか、仕事《しごと》のストレスが重《かさ》なったり、非常《ひじょう》に心《しん》配《ぱい》なことがあったりした時に、胃《い》に潰瘍《かいよう》ができた、とか。これらは、精神が肉体に影響《えいきょう》を与《あた》える場合《ばあい》ですね。

また、肉体が精神に影響を与えることもよくありますね。歯《は》が痛《いた》くなった時には、何をしても楽《たの》しくないし、イライラしてしまいます。博士も、アルコールを飲《の》むと気が大きくなって、気前《きまえ》がよくなりますね（笑い）。

博士　こんなところで私の裏話《うらばなし》をするなんて、蓮華君も人が悪いね（笑い）。

蓮華君　これはすみません（笑い）。

ところで、肉体と精神の間に密接な関係があることが、どう私たちの実践《じっせん》にかかわってくるのでしょうか。

唯物論・唯心論を超えた生き方

博士　実は、肉体と精神の関係をどのように見ていくかが、人生を生きるうえで大切なカギを握《にぎ》っているんだよ。

これまで、歴史上《れきしじょう》、世界でさまざまな哲学者《てつがくしゃ》や宗教者《しゅうきょうしゃ》が、物質と精神の関係を考えた。

それらを大きく分けると、二つの流《なが》れがある。生命の根源《こんげん》は物質であり、心も物質にすぎないと見る考え方。これは「唯物論《ゆいぶつろん》」と言われる。もう一つは、生命の根源を心に求め、物質は心の影《かげ》にすぎないと見る考え方。これは「唯心論《ゆいしんろん》」と呼ばれる。

こうした生命観をもつと、その人はどういう人生を歩《あゆ》むと蓮華君は思う？

蓮華君　そうですね。まず「唯物論」を信じて生きる人を考えてみます。

生命は物質にすぎないのですから、死によって生命は無に帰《むき》してしまうわけですよね。人生でどんな努力《どりょく》や苦労《くろう》をしても、結局《けっきょく》はムダに終わってしまうと考えると、どうしても〝今が楽しければいい〟と享楽主義《きょうらくしゅぎ》に陥《おちい》ってしまいがちではないでしょうか。

もちろん「一回限りの人生だから、より大切に生きよう」という人もいるでしょうが、実際《じっさい》に死を前にすると、死への不安に苦しむことでしょう。

博士　また、心の働《はたら》きも脳細胞《のうさいぼう》のなかで起きる化学反応にすぎないと考えてしまうと、よりよく生きていこうとする意欲《いよく》を失《うしな》い、無力感《むりょくかん》に支配《しはい》されてしまいがちではないだろうか。〝仕事に燃《も》やす情熱《じょうねつ》も、人を愛《あい》することも、全部、物質が起こすことだから〟と。

蓮華君　「唯心論《ゆいしんろん》」を根底《こんてい》におくと、どういう生き方になりますかね。

博士　この世に存在するすべてのものは、心が生み出した幻想《げんそう》と考《かんが》えていくわけだよね。これでも、具体的《ぐたいてき》に現実生活をよくしていこうとする意欲を失ってしまうね。現実とは所詮《しょせん》、幻《まぼろし》にすぎないわけだから。そして、ついには、辛《つら》く苦しいことから逃《のが》れるためには、この身《み》を消滅《しょうめつ》させていくしかないということにもなってしまう。

また、物質と切《き》り離《はな》されて、心が存在するとなると、霊魂《れいこん》のようなものがこの世にあることになってしまう。

蓮華君　それでは、自分とは別のものが、自身や他人の生命を決定してしまうことになり、これも無力感に陥らせてしまいますね。

結局、人生をよりよく生きていくためには、物質と精神を一体《いったい》ととらえる色心《しきしん》不二《ふに》の生命観《せいめいかん》が必要《ひつよう》になってくるのですね。

誰もができる色心不二の実践

博士　その通りだ。

色法《しきほう》、心法《しんぽう》といっても、それが別々《べつべつ》にあるものではなく、一つの生命をとらえるための視点《してん》、角度《かくど》にすぎないともいえる。心と体は、互《たが》いに密接《みっせつ》に作用《さよう》しあって、一瞬《いっしゅん》、一瞬、変化していくダイナミズムをもっている。だから、自身の心を変えることで、自分自身の肉体《にくたい》や、周《まわ》りの環境《かんきょう》をよりよい方向に変革《へんかく》していくことができるんだ。

また、生死観《しょうじかん》でいえば、肉体がなくなって、そこで生命が終わるわけではない。生命は永遠なんだよ。死の段階では、個々《ここ》の生命は大宇宙に溶《と》け込《こ》んでいる。しかし、いったん何《なに》かの縁《えん》で生《せい》を受《う》けると、再《ふたた》びそれぞれの個性《こせい》をもった肉体をもって生まれてくる。別の生命に生まれ変わるのではない。

蓮華君　決して、実体《じったい》をともなった霊魂《れいこん》のようなものが、フワフワそこら中《じゅう》に浮《う》かんでいるわけではないのですね（笑い）。

なるほど、色心不二《しきしんふに》の生命観が、人生をよりよく生きていくための変革の哲学であり、生死の不安《ふあん》や苦《くる》しみを克服《こくふく》できる偉大《いだい》な哲学《てつがく》であることが分かりました。

でも、冒頭《ぼうとう》でも言ったように、色心不二の哲理《てつり》が分かっても、心を変えて肉体や物質を変えようとしても、簡単にいきませんよね。譬《たと》えば、急に「笑え」と言われて、笑い顔をつくることはできても、心から笑うことは、簡単にはできませんよね（笑い）。

博士　その通りだ。

天台大師《てんだいだいし》は色心不二の法理《ほうり》を説《と》いたが、実践《じっせん》としては、瞑想《めいそう》して心を観察《かんさつ》していくことによって色心の成仏を目指した。でも、これは、なかなか万人《ばんにん》が実践できるものでない。

そこで日蓮大聖人は誰《だれ》もができる色心不二の実践を明らかにした。「『帰《き》命《みょう》』の『帰《き》』とは私たちの色法《しきほう》である。『命《みょう》』とは私たちの心法《しんぽう》である。色心不二《しきしんふに》であることが究極《きゅうきょく》の真理《しんり》なのだ」（ポイント①）と。

心身《しんしん》ともに妙法に帰命していく、すなわち、妙法を唱《とな》え、弘める実践をしていくなかで、色心の成仏を実現していくことができるということだと、訴えられている（ポイント②）。

色心不二の原理は、妙法の実践によって、色心をともに変《か》えていけることを教えているんだよ。

戸田先生は、「慈悲《じひ》といっても、なかなか出ない。慈悲に代わるものは勇気《ゆうき》である」とよく語っておられた。それでも、〝私の心には勇気がない〟という人がいるかもしれない。でも、「題目を唱える」「友人のところに行く」という、誰もができる行動の第一歩そのものが、すでに勇気なんだ。色心不二はそのことを教えているんだよ。

蓮華君　すると、「私は人のことを心から思いやっていないのに」と悩むことはないのですね。もう対話していること自体が、勇気の表れであり、慈悲の証《あかし》なのですね。

ポイント御書

①「帰《き》とは我等《われら》が色法《しきほう》なり命《みょう》とは我等が心法《しんぽう》なり色心不二《しきしんふに》なるを一極《いちごく》と云《い》うなり」（708ジペー）

②「色心二《しきしんに》法共《ほうとも》にあそばされたるこそ貴《とうと》く候《そうら》へ」（1213ジペー）

本書は月刊誌『大白蓮華』に連載された「大白博士の個人教室——実践のための教学入門」(二〇〇一年五月号~二〇〇六年十二月号)を基に一部加筆、再編集したものです。

実践《じっせん》のための教学入門《きょうがくにゅうもん》 上
——大白博士《だいびゃくはかせ》の個人教室《こじんきょうしつ》

2007年3月16日　初版第1刷発行
2016年12月10日　初版第5刷発行

編　者　「大白蓮華《だいびゃくれんげ》」編集部《へんしゅうぶ》
発行者　大島光明
発行所　株式会社　第三文明社
東京都新宿区新宿1-23-5　郵便番号　160-0022
電話番号　営業代表 03（5269）7144
注文専用 03（5269）7145
編集代表 03（5269）7154
振替口座　00150-3-117823
URL　http://www.daisanbunmei.co.jp
印刷・製本　凸版印刷株式会社

ISBN978-4-476-06200-7

第三文明社の本

仏法対話のすすめ

第三文明社編集部 編

日蓮仏法の実践の根幹は、仏法対話による弘教である。そうした対話を進めるうえでの語り口や相手の素朴な疑問に対する回答を、わかりやすく解説した入門書。

本体九〇〇円

〔新版〕生命哲学入門 宿命は変えられる

川田洋一

「九識論」「一念三千論」等の仏教の生命論と、脳科学や生と死にかかわる科学的・医学的知見をもとに、宿命転換の法則を明らかにする。

本体一〇〇〇円

〔新版〕生命哲学入門Ⅱ 幸せをつくる心理学

川田洋一

すべての人の幸福のための社会をめざして——。マズロー心理学など現代心理学の成果と仏教の説く菩薩道にもとづき、幸せをつくる実践的方法を探る。

本体一二〇〇円

〔新版〕生命哲学入門Ⅲ 仏教看護と緩和ケア

川田洋一

現代医学と仏教の接点を探求し、「仏教看護論」の概要を描く一冊。仏典に説かれた釈尊らの看護体験をひもときつつ、看護の根本精神を探る。

本体一二〇〇円

心の病とレジリエンス ——生きる力を強める仏教

川田洋一・山口 力・梅松明

いま求められる「レジリエンス（回復力）」を高める生き方——。心理学と仏教の視点から、苦境をも「幸福のエネルギー」に転換する生き方に迫る。

本体一四〇〇円